◆ 1998년무렵 도지동 자택 뜰에서의 시인

◆ 2018년 경주시에서 보문호반 힐튼호텔과 물너울교 사이에 세운 조동화 시비. 시인이 지은 국민시 「나 하나 꽃피어」가 새겨졌다.

◆ 시비를 가운데 두고 내빈들과 함께. 좌로부터 문삼석 시인, 노중석 시인, 박태환 경북문인협회장, 박방희 대구문인협회장, 민병도 국제시조협회 이사장, 김형섭 경주문인협회장, 우리 부부, 이진락 도의원, 박귀룡 시의원, 반덕진 전주우석대 교수, 한순희 시의원, 조도희 목사.

◆ 조카의 시비제막식에 오신
고모님 내외분.

◆ 시「나 하나 꽃피어」를
가곡으로 작곡한 천재 소년
반딧불 군과 아버지 반덕진
전주우석대 교수.

◆ 왼쪽은 시비 글씨를 쓴
심연 노중석 시인 부부,
맨 오른쪽은 고은별 동화작가.

◆ 시비제막식에 참석한 서울, 울산, 구미, 그리고 경주의 여러 문인들. 앞줄 좌로부터 이용우, 김형섭, 노종래, 박태환, 박명숙, 둘째 줄 좌로부터 김현주, 조순호, 박완규, 조광식, 황명강, 정만자, 고은별, 박영식, 문삼석, 김향이, 임정진, 김원호, 김일호, 조명래, 김광희, 김미정, 맨 뒷줄 좌로부터 이서원, 이노미, 심석정, 임성화, 문선희, 김희동 제씨.

◆ 시비제막식 케익 자르기. 좌로부터 박태환 경북문인협회 회장, 문삼석 동시인, 김형섭 경주문인협회 회장, 반딧불과 아버지 반덕진 전주우석대 교수, 민병도 국제시조협회 회장, 조도희 목사, 노중석 시인, 박방희 대구문인협회 회장.

◆ 어린 시절
시인을 애지중지
거두어주신
할머니.

◆ 1969년 정완영 선생과 직지사에서.
좌에서 두 번째가 정표년 시인,
그 다음이 김남환 시인.

◆ 1984년 『낙화암』 출판기념회 때 어머니와 함께.

◆ 『낙화암』 출판기념회 때 좌로부터 조주환 시인, 필자,
박재삼 선생 내외분, 정재익 시인.

◆ 1983년 조선일보 신춘문예 시상식에서
동시 「첨성대」를 당선작으로 뽑아주신
윤석중 선생님과 함께.

◆ 1985년 중앙시조대상 시상식에서
신인상 수상소감.

◆ 2003년「낮은 물소리」및 동인지「초록숲」합동 출판기념회.
앞줄 좌로부터 이희목, 조주환, 이근식, 우리 부부, 이용우, 서숙희, 김홍주, 김종섭, 최도선, 둘째 줄 좌로부터 김옥정, 진용숙, 노종래, 박원, 조동민, 조화수, 정민호, 장윤익, 한사람 건너 김명석, 셋째 줄 좌로부터 송진환, 허동인, 김봉환, 이경만, 김대원, 이철현, 넷째 줄 좌로부터 이상도, 조순호, 조종래, 정구찬 제씨 .

◆ 2003년 합동 출판기념회 때 참석한 내빈들. 좌로부터 이용우 초록숲동인 회장, 민병도 <시조21>주간, 정진채 부산문인협회 회장, 우리 부부, 정경화 시인, 최도선 동화작가.

◆ 시비제막식 날, 우리 가족 기념 촬영. 제목을 2333이라 붙여본다. 우리 부부2, 아들3, 며느리3, 손자손녀3이어서 그렇다. 조수아, 조하은, 조하겸, 역시 너희들이 꽃이다.

◆ 백두산 정상에서 우리 부부(1995년 전후).
드맑은 천치에 산 그림자와 구름 그림자가 인상적이다.

◆ 1995 아내의 세종아동문학상 시상식. 좌로부터 두 번째 신현득 동시인, 중앙 우리 부부, 김수남 소년한국일보 사장, 초정 김상옥 선생, 한 사람 건너가 이재철 교수. 이날 박재삼 선생이 축하차 오셨으나 단상에는 상태가 위중해 못 오르셨다. 그 얼마 후 돌아가신 일을 생각하면 지금도 가슴이 미어진다.

◆ 2003년 이호우시조문학상 시상식장에서 우리 부부.

◆ 2010년 제8회 유심작품상 시상식. 좌로부터 김초혜, 필자, 서준섭, 김교한, 권기호 제씨.

◆ 1993년
계림에서 노중석 시인과
김상옥 선생.

◆ 초정 선생이 생전에 우리 부부에게 써 주신 유묵.

◆ 2005년 전후 가을
대왕암을 배경으로 포즈를 취한 우리 부부

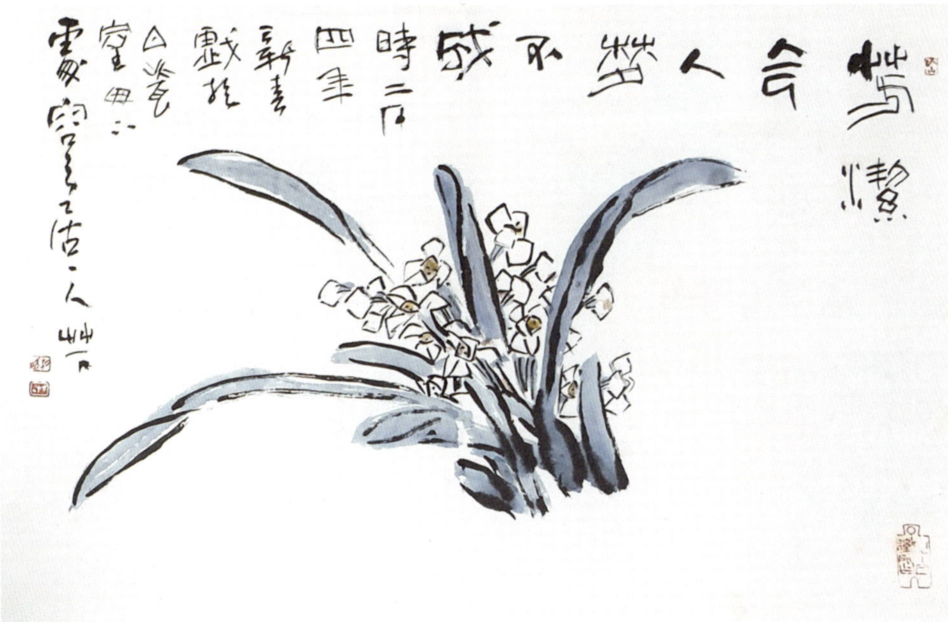

◆ 초정 김상옥 선생이 우리 부부에게 주신 서화첩 한 권이 있다.
대부분이 먹글씨이지만, 그 속에 희귀하게 들어 있는 두 점의 그림이다.

◆ 조동화 시집 표지들

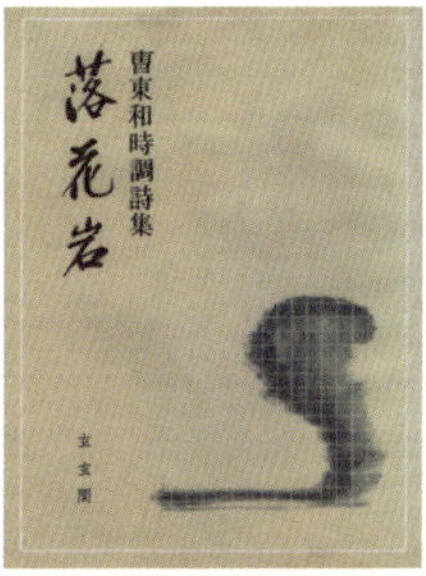
落花岩
曺東和時調詩集

산성리에서
조동화 신작시집

처용 형님과 더불어
조동화 시집
이두

강은 그림자가 없다
조동화

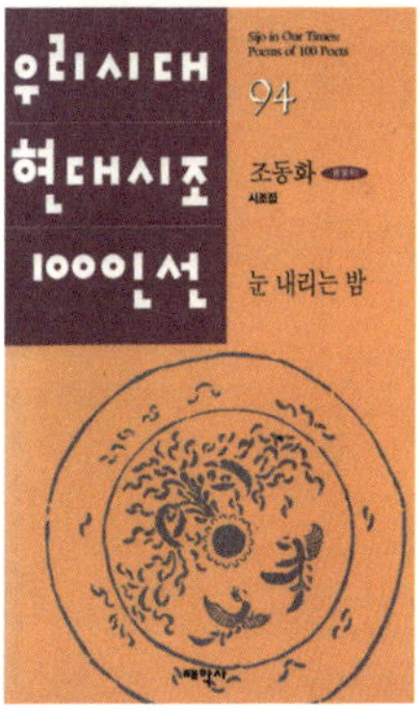
우리시대
현대시조
100인선
94
조동화
눈 내리는 밤

조동화 시집
낮은 물 소리

영원을 꿈꾸다
조동화 시집
Poetical Works of Jo Dong-hwa

고삐에 관한 명상
조동화 시집
Poetical Works of Jo Dong-Hwa

나 하나 꽃 피어
조동화 시집
Poetical Works of Jo Dong-hwa
도대체 어떤 詩길래?

쥐똥나무 열매만한 시들
조동화 시집
Poetical Works of Jo Dong-Hwa
초록숲

초록숲시인선 16
태초부터 계신 말씀
조동화 찬송시집
Jo Donghwa's Collection of Psalms and Prose
초록숲

우리나라
나비 새 풀 나무
2015

우리나라
나비 새 풀 나무 2

초록숲 시인선 17

조동화 시선집

낙동강

초록숲 시인선 17

조동화 시선집 낙동강

초판인쇄 2021년 6월 23일
초판발행 2021년 6월 30일

지은이 | 조동화
펴낸이 | 박숙희
펴낸곳 | 도서출판 초록숲
등록번호 | 505-2010-000003
등록일자 | 2010.10.27.

주소 | 38176 경북 경주시 형산마을안길 26(도지동)
전화 | (054) 748-2788
팩스 | (054) 748-2788
E-mail | jodonghwa@naver.com

값 16,000원
ISBN 978-89-98932-13-8

조동화 시선집

낙동강

시 · 시조 · 동시 142편

초록숲

□ 시인의 말

시선집을 묶는다. 요즘 같은 장수 시대에 다소 이른 감이 없지 않다. 그러나 앞으로 네댓 권의 시집을 더 낸다고 하더라도 그것들은 젊은 시절이나 왕성한 장년기의 작품들과는 순도나 깊이 면에서 차이가 있으리라 여겨져, 이쯤에서 결산을 하는 편이 낫다는 생각이 든 것이다. 또 십사 년 전에 이미 절대자를 위한 헌신의 길에 들어섰으니만큼 가능한 한 속히 나 자신을 위한 것들을 정리하고, 이제는 오로지 그분을 위해 마음과 생각과 힘을 다해야 한다는 점에서도 이 일은 내 인생에서 몇 안 되는 바른 결정이라 믿는다.

시선집을 내려고 그동안 낸 시집들을 펼쳐놓고 보니, 이게 고작 내 평생 쌓아온 문학적 성과인가 싶어 새삼 허망함을 금할 길이 없다. 그러나 어찌할 것인가, 뿌린 대로 거두는 것이야말로 만고불변의 법칙인 것을…. 물론 좀 더 힘썼더라면 지금 내가 거둔 수확은 보다 풍성했을 것이다. 그러나 나는 내 차지 않은 바구니를 두고 후회하지는 않는다. 느닷없이 찾아온 당뇨병을 계기로 비록 만학으로나마 신학 공부를 함으로써 젊은 시절부터 고민해온 난제들, 곧 인생은 어디서 와서 무엇 때문에 살고 죽고 난 다음에는 어디로 가는가 하는 근원적인 의문에서부터 우주에 관한 의문에 이르기까지 그 모두를 시원스레 풀어버렸기 때문이다.

호사를 누리는 사람들은 일흔의 언저리에서 고희기념문집(古稀紀念文集)이라 해서 제자들을 편집위원으로 삼아 곧잘 두꺼운 책을 묶기도 하지만, 나는 애초부터 그런 허세를 부릴 생각도, 또 그럴 만한 위인도 못 된다. 현대시의 초창기 선각들 가운데는 생전에 스스로 전집을 낼 겨를마저 갖지 못했으나, 그의 시를 공부하려는 후학들의 성화에 힘입어 그 전집들이 시골 구석 내 책꽂이에까지 다다른 몇몇 분들이 있다. 그러나 나같이 굼뜨고 게으른 무지렁이가 어찌 감히 그분들의 높은 문재(文才)와 혼신을 다한 집중(集中)에 미치겠는가. 이렇게 자선 시선집이라도 한 권 묶어 남의 집 서가에 염치불구 짐이 되는 수밖에는.

50여 년 전 어느 깊은 겨울밤, 가물거리는 호롱불 밑에서 시를 쓴답시고 할머니 곁에 엎드려 있자면, "얘야, 몸 상할라. 그만 자거라."하고 이르시던 그 자애로운 음성을 칠십이 넘어서도 이따금씩 귀로 듣지만, 지금 그분은 내 곁에 계시지 않는다. 시인이 된 이래 40여 년 동안 나를 지켜보아 주고, 내 부족한 시를 응원해 준 아내에게 이 자리를 빌려 고마움을 전하며, 아울러 내 시를 아껴주는 모든 분들에게 이 시선집을 드린다. 그리고 여러 일로 바쁜 가운데도 불구하고 기꺼이 해설을 맡아준 박명숙 시인께도 심심한 감사를 표하는 바이다.

2021년 6월
송뢰헌松籟軒에서
조동화

■차례■

제1부 詩

처용 형님과 더불어

강은 그림자가 없다

나 하나 꽃피어

쥐똥나무 열매만한 시들

시로 쓴 자서전

제2부 時調

낙화암

산성리에서

낮은 물소리

영원을 꿈꾸다

고삐에 관한 명상

제3부 童詩

첨성대

우리나라 나비 새 풀 나무 1

우리나라 나비 새 풀 나무 2

제1부

詩

1
처용 형님과 더불어

참깨꽃

보리를 걷어내고
그루터기에 바로 참깨를 심었다
씨앗이 눈을 뜨면
잡초들도 일제히 함께 올라와
한눈만 팔아도 벌써 풀밭이었지
할매와 나는 둘이서
뙤약볕 쏟아지는 여름 한 철을
온통 밭에서 살았다
바랭이, 쇠비름, 방동사니 들을 뽑으며
긴 긴 실꾸리처럼 풀리는
할매의 서러운 내력을 따라가다 보면
칠월은 금방 하순으로 접어들어
어느새 내 무릎만큼의 높이로
황토밭 가득 일던 하얀 참깨꽃
때맞춰 온갖 벌들도 날아들어
산밭은 온종일 잔칫집만 같았지
바람에 쓰러지지 말라고
뿌리께에 수북이 북을 돋우시며
참깨꽃이 참 사랑스럽다던 할매

그때는 미처 몰랐다
할매의 작은 행복도
고달프기만 하던 농사일도
돌아보면 이렇게 모두 그리움일 줄을

낙동강

1
어린 시절 나는 엄마의 등에 업혀 처음으로 낙동강을 보았다
동백기름 냄새 향긋한 엄마의 어깨 너머 멀리 아득히 보이던 비
취빛 강물… 그러나 미처 그것이 강인 줄을 모르고, 하늘이 제
많은 자락 중에 유독 짙푸른 한 자락을 내려, 산과 산 사이로 천
천히 끌어가고 있는 것이라고 생각했었다

2
강을 사이에 두고 숨 가쁜 전쟁이 오가던 그 여름, 아버지는
먼길을 떠나셨지 강을 건너서 마른 황토黃土, 먼지 이는 산굽이
길을 뚜벅뚜벅 아버지는 멀어져 가셨지

3
학교가 파하고 나면 나는 홀로 강둑에 앉아 종무소식終無消息
인 아버지를 그리며 종이배를 접어 띄우곤 하였다 물결을 따라
물결 앞세우고 따라갈 수 없는 먼 곳으로 남실남실 사라져 가던
하얀 종이배…
아버지는 보셨는지 몰라, 그리움을 실어, 내 소년을 실어 날마
다 띄워 보낸 그 많은 종이배를

4

깊은 밤 어머니는 곧잘 강으로 가셨다 아버지의 마지막 뒷모습을 보셨던 것일까, 달빛에 젖어 빛나던 어머니의 눈물, 꼭 어디론가 훌쩍 떠나가실 것만 같은 예감에 몰래 어머니의 뒤를 밟아온 나는 또한 소리 없이 울었다 무성한 갈대숲에 몸을 숨긴 채

5

오래 응석받이 손주의 든든한 울이셨던 할아버지, 당신께서는 생전에 즐겨 자주 난蘭을 치셨지 눈부신 화선지 위에 늘 알맞게 휘어져 있던 묵란墨蘭 이파리, 이제 나는 알겠네 흰 달빛 아래 아득한 모랫벌이 한 장 화선지로 깔리는 이 밤, 비로소 고개 끄덕이며 알아보겠네 먼 산굽이 휘어져 돌아가는 묵란 이파리 하나, 한평생 휘어지고 또 휘어져서 마침내 아주 강물 위에 포개진 할아버지 그 묵란을

6

아침나절, 나는 어린것의 손을 잡고 산 위에 올라 낙동강을 보았다

첩첩한 산기슭을 돌고 돌아서 아스라이 굽이치는 순은純銀빛 먼 강물, 흰 두루막 입은 할아버지의 뒤를 소복素服한 어머니도 따라가고 있었다 오오, 아프고도 소중한 인연因緣의 모습!

나는 문득 어린 것을 무동 태우고 오래오래 먼 강물을 가리켜 보였다

부지不知

일찍이 어느 마음에도 부리지 않고 외로 알뜰히 지녀온 내 사랑, 그 사람 알고 나서 그 사람 몰래 그 사람에게 주었는 줄 그 사람은 알까 지금쯤 내 그 사랑은 그 사람 가까이서 그 사람의 머리카락 날리는 꽃바람으로 머물거나, 혹은 그 사람이 가끔 거니는 산길에 이름 없는 풀꽃으로 피어나서 그저 꽃인 듯이 그 사람의 얼굴 빤히 쳐다보는지도 모를 일인데, 이 진실을 그 사람은 알까

또 한편 그 사람에게도 나만큼 지녀온 사랑 있어 겉으론 짐짓 미워하고 속 다르게 마음으론 아끼어서, 소중한 그 사람의 사랑 전부를 나 몰래 나에게 쏟았는지 어쨌는지 알 수 없고… 그리하여 그 사랑도 지금쯤 내 고적한 밤마다 하늘의 작은 별이 되어 그저 별인 듯이 나를 자상히 내려다보거나, 허구한 날 나의 창에 머무르는 햇빛이 되어 온몸으로 따스히 나에게 기대오는지도 알 수 없는 일인데, 아아 정말인들 그 진실을 내가 알 리 있을까

별리別離

바라볼 만하거든
개울 하나 두고

손 흔들 만하거든
강물 하나 두고

이도 저도 안 되거든
바다 하나 두고

가을 편지

가을이 갑니다 저 오랜 산 하나 가득 타던 불을 끄고 속절없이 저무는 노을 진 산굽이를 돌아 종종걸음으로 가을이 갑니다

저물지 않는 것이 세상에 있을까요 지는 잎 마른 꽃대 가는 구름 흐르는 강 이지러지는 달… 그 속에 당신도 나도 조금씩 저물며 있습니다

보셔요 가을은 벌써 저 들판 끝에 뒷모습만 가뭇이 남았습니다 떨어질 것들 이왕이면 한시바삐 떨어져 살아 있는 것들의 좋은 거름이나 되었으면 합니다

그리고 눈이 내리고 그 눈부신 백지 위에서 한 촉 연두빛 순수로 돋아나고 싶습니다 아아 그렇게 정말 모든 것을 다시 시작하렵니다

김장

가장 멀리 있는 날부터 다져넣는다
절인 배추 골고루 양념을 버무리고
미나리 소박이에 사이사이 생굴도 곁들여
할머니 새색시 적 마련한 오지독에
온종일 차곡차곡 다져넣는다

내일은 늘 바람둥이 같아서
걸핏하면 우리들을 실망시키곤 하지만
어쩔거나, 또 한 번 믿어보는 수밖에
실고추를 얹고 흑임자를 뿌리고
한 잎 한 잎 정성스레 싸고 여며서
우리들의 소망과 믿음도 함께 다져 넣는다

올겨울이 유독 추우리라 해도
마당 귀퉁이 응달에 독째로 묻어두면
삼동 내 결이 삭아 맛이 들겠지
고추, 마늘, 생강, 미나리, 갓, 젓갈, 청각, 굴…
그 온갖 거리들이 배춧잎에 스며들어
일제히 탄주하는 육자배기 같은
매콤하고 새콤하고 얼얼한 조선의 맛!

날마다 한 포기씩 꺼내어
이마 위에 땀방울 맺히도록
더운 쌀밥 더불어 호호 불며 먹으면

어느새 우리들 가슴 속에서
활활활 타오를 불씨들이여
그때 겨울은 생각만큼 춥지는 않으리라
매운 삭풍이 오히려 청주처럼 시원하리라

가장 멀리 있는 날부터 다져 넣는다
한 포기 한 포기 진홍의 양념을 버무릴 때마다
손끝에서 지레 뜨거운 나날들
강남 제비 돌아오는 삼월에서부터
눈 덮인 산 이마 새 햇빛 눈부신 정월까지
행여 바람 들라 여미고 다독이면서
오지독에 차곡차곡 내일을 담는다

처용 형님과 더불어

첨성대 머리 위에 밝은 달 뜨면
가세, 남산 밑 양지 마을로
흰 달빛 질척이는 반월성 고개 넘어
휘어진 난초잎 같은 남천도 건너
멋쟁이 처용 형님을 찾아가 보세
해 아래 모든 것이 그림자가 있듯
사람은 뉘에게나 허물이 있는 법
이제는 서로가 용서하고 용서받고
툭툭 털고 일어나 내일로 가세
천년이 한결같은 첨성대 위로
한가위라 밝은 달 둥실 떴거니
가세 우리 모두 양지 마을로
흰 무명베 곱게 깔린 반월성 고개 넘어
서로서로 업고 업혀 남천도 건너
한반도 역사 이래 제일로 마음 넓은
우리들의 큰 형님을 찾아가 보세
오막살이 삐걱대는 툇마루가 좁으면
아예 멍석 깔고 마당에 둘러앉아
어둡게 닫힌 가슴 다 열어놓고

처용 형님 큰 이야기 한 판 들어보세
이 시린 동치미 안주 삼아
주거니 받거니 밤새도록 토주 잔 기울이며
아아, 멋쟁이 처용 형님과 더불어
진짜 진짜 큰일 한 번 의논해 보세

서동의 노래 1

내 비록 시골의 미천한 홀어머니 자식으로 태어났어도 서라벌에서 당신이 제일 예쁘다는 소식을 풍문으로 들은 그날, 나는 굳게 믿었습니다 당신은 하늘이 내려준 내 색시라고…

그리하여 나는 바로 그날로 머리 깎고 괴나리봇짐 하나 챙겨 낯선 땅 서라벌로 달려왔습니다만, 정작 당신은 구중궁궐 속 너무나 아득히 있고, 고관대작高官大爵은커녕 문지기 하나 아는 이 없는 나로선 참으로 막막하였습니다 그러니 어찌합니까? 기껏 생업인 마 뿌리나 캐면서 아이들을 사귀고, 다만 내 노래의 신통력에 운명을 거는 수밖에는

하지만 나는 추호도 의심하진 않았습니다 아직은 미약한 내 노래일망정 머지않아 온 서라벌 구석구석까지 불길로 활활활 번져갈 것을… 마침내는 걷잡을 수 없는 소용돌이가 되어 당신을 나의 곁으로 이끌어오고 말 것을…

서동의 노래 2

손바닥 들여다보듯 서라벌이 한눈에 들어오는 토함산 기슭, 여기서 노숙하며 지낸 지도 벌써 보름이 지났습니다

아침나절에는 물소리, 바람소리, 새소리 들으며 마를 찾아 캐고, 오후에는 그것들을 지게에 짊어지고 가서 개구쟁이들을 익히는 고만고만한 나날들…

만일 가슴에 품은 보석 하나 없다면 새벽녘 뼈에 저리도록 젖어드는 밤이슬을 무슨 수로 견딜까요

나는 밤마다 아늑한 낙엽 위에 별을 덮고 잠이 듭니다 동해 건너온 아침 해가 옥빛 하늘 가득 눈부신 부챗살을 펼쳐들 때까지 얼굴도 모르는 당신을 꿈꿉니다

서동의 노래 3

조약돌 하나로 크고 너른 바다를 들레게 할 수 있을까요? 그러나 나는 오늘 똑똑히 확인하였습니다 달포 전 악동惡童들에게 맡겼던 나의 노래가 드디어 서라벌 장안을 온통 뒤흔들어 놓았음을… 그리고 그것 때문에 결국 당신이 대궐에서 쫓겨나 내일이면 먼 곳으로 귀양살이를 떠난다는 소식도…

마침내 때가 온 것입니다 풀었던 괴나리봇짐 다시 꾸려 나도 내일은 서둘러 당신을 따라가야지요 설령 그곳이 어느 험한 산 가시밭길 독사들의 굴헝이라 해도 나는 즐겨 당신의 마부가 되겠습니다 그동안 끼친 그 많은 괴로움에 대해서는 두고두고 다함 없는 사랑으로 갚을 것을 다짐하며…

봄 산

이 크고 아득한 누리
누가 무슨 종을 울리기에
산이란 산마다
저렇듯 화사하게 깨어난단 말이냐!

가을 산행

1

신불神佛에서 취서鷲棲까지 산은 크고 긴 그의 등허리만을 보여준다 자욱한 초가을의 안개 바다 속을 개미떼 같은 우리들 잔등에 태운 채 그는 어느 미지의 세계로 자꾸만 달려가는 것인지 길로 자란 억새꽃들이 강한 바람에 흡사 준마의 갈기처럼 쓸리고 있었다

2

해발 일천 미터 혹은 그 이상의 높이를 내쳐 엎드린 채 달려가는 산 그의 얼굴은 어디쯤에 있는가 언뜻언뜻 터진 구름 사이로 밋밋한 뒷모습이나 드러낼 뿐 그는 좀처럼 그의 얼굴을 보여주지 않는다 지루하리만치 팍팍한 도정 끝에 마침내 취서의 정상에 다다랐지만 역시 그의 얼굴은 없었다 대체 그는 어디에 그의 큰 얼굴을 숨기고 있는가

3

취서의 머리꼭지에서 통도사까지는 한 시간 남짓의 급강하 끝내 기진하여 개울가 풀섶에 털썩 주저앉았을 때 뜻하지 아니한 거기서 비로소 나는 보았다 막 물든 놀을 배경으로 솔숲 위에

덩그렇게 솟아오른 그의 장엄한 얼굴을 바로 우리가 타고 넘고 내려온 무수한 너덜이며 너덜겅이 오오 결국 그의 이마요 콧날이요 꽉 다문 입술이었음을

연화리

심청이 살았다는 옛 연화리*
해당화 붉게 핀 언덕에 서서
용궁으로 통하던 인당수며
그 너머 희미한 실루엣 같은
북녘땅 장산곶을 바라보았습니다
처음은 갈피갈피 눈물겨워도
뒤끝은 무진 좋은 우리 심청전
눈먼 아비 눈 띄우려 제 몸 팔아
인당수 푸른 물에 한목숨 던졌지만
그 마음 하늘 땅 바다마저 울려
연꽃으로 되돌아온 효녀 심청이
자나 깨나 기다리는 남북통일도
언젠가는 또 그렇게 잘 풀리리라
그 인당수 장산곶 바라보았습니다
오래오래 눈 비비며 보았습니다

* 백령도 북쪽 해안에 있는 마을로 심청전의 무대가 된 곳. 그 앞바다가 바로 심청이가 몸을 던졌다는 인당수이며, 맑은 날이면 수평선 너머로 북녘땅 장산곶이 희미하게 떠오른다.

주남 통신

주남 저수지를 아십니까

을숙도의 갈대숲이 사라진 뒤
올 겨울도 수만 마리의 철새들이
이곳 주남을 찾아왔습니다

어디서 무슨 기별을 받고 이렇듯 모여드는 것인지
고니 두루미 기러기 왜가리 청둥오리
노랑부리저어새 흰죽지 발구지 넓적부리 들이
아득한 수면을 온통 뒤덮고 있습니다.

무어라 부르고 지껄이는 놈
아예 고개를 죽지에 묻고 조는 놈
얕은 곳에서 부지런히 수초의 부리를 캐는 놈
날쌔게 밑으로 내려가 물고기를 잡아채는 잠수부 놈…

그리하여 주남은
겨울 내내 뜨고 내리는
철새들의 이착륙으로 붐비는 것이지만

불시착은커녕
흔한 접촉사고 한 번 일어나지 않는다는 사실은
참으로 희한한 일이 아닐 수 없습니다
더욱이 그 크고 작은 온갖 울음소리와 날갯짓 소리는
한데 어우러져
웅장한 교향악을 이루고
주남의 땅과 하늘을 두루 울려
무잡한 소음에 찌든 우리들의 심신을
한없이 맑은 것이 되게 합니다

그러나 무엇보다도 장관은
이것들이 일제히 날아올라
어두워오는 저녁하늘을 배경으로
거대한 벌 떼처럼 소용돌이치는 광경이지요

그때 그것은 마치 누군가가
커다란 마후라의 한 끝을 잡고
빙빙 돌리는 것 같기도 하고

또는 하나님 당신께서 우리 인간들에게 보여주는
장엄한 묵시 같기도 하답니다

요즘 세상 돌아가는 형편은
말세도 한참 말세라는 생각뿐입니다만
이렇게 많은 철새들이 별 탈 없이
긴 겨울을 나고 있는 것을 보노라면
그래도 세상은 아직 살 만하지 않느냐는 믿음에
문득 가슴 뿌듯한 안도감을 느끼곤 합니다

지금 겨울이 한창입니다
봄이 되어 철새들이 떠나기 전에
언제 한번 주남에 들르지 않으시렵니까

2
강은 그림자가 없다

봄

나뭇가지들이 일제히
연초록 깃발을 꺼내고 있을 때
그 아래 둥굴레와 구슬봉이도
막 웃음을 터뜨렸다
문득 굴속에 있던 다람쥐란 놈
무슨 기척이라도 들리는지
산머루 같은 눈망울로 내다본다

반 고흐의 눈

화병에 꽂힌 채
타오르는 열 네댓 송이의 해바라기로
세상을 이글이글 내다보던 눈,
하늘의 거대한 소용돌이 속에서
하나의 달과 열한 개의 별이 되어
제각각 빛의 바람개비로 회오리치며
잠든 세상을 밤새 내다보던 그 눈,
떠나기 꼭 3개월 전에 남겼다는
그의 수척한 자화상을 보면
벌써 그 불길 다 가라앉아
희미한 갈색 눈썹 아래
더없이 차갑고 맑은 두 눈동자만이
정면을 뚫어져라 응시한 채 빛나고 있다
마치도 닿아야 할 저편 강 언덕을
지그시 건너다보듯
그런 쓸쓸함, 그런 결연함으로

관계關係

1
겨울 뜰에 난만한 피라칸사스 한 그루
가까이서 보면 다닥다닥 붙은 열매들이지만
멀찍이서 바라보면 영락없는 진홍의 꽃 떨기다
날씨가 잘하여 눈이라도 펑펑 쏟아진 날이면
이것은 또 꽃이라기보다는 차라리
활활 타오르는 불이다

2
겨울 들면서 무당새 한 마리
아침이면 어김없이 피라칸사스를 찾아온다
와서는 욕심내지 않고
꼭 붉은 열매 서너 알씩 쪼아먹고 간다

무당새의 작은 심장을 삼동三冬 내내 뛰게 하고
깃털에 싸인 엄지만한 그 몸을
한결같이 뜨겁게 달구며
앙증맞은 부리의 영롱한 구슬꿰미들과
창공에 무수히 아롱지는 날갯짓까지
넉넉히 펼쳐내는 변용의 힘,
불가해의 열매여!

인간은 한갓 완상물로 피라칸사스를 뜰에 옮기지만
나무와 새의 보이지 않는 고리는
늘 저렇듯이 아름답게 이어져 있다

귀향

눈발 엉성히 날리는 겨울 해거름
산간 마을은 적적했다
가슴 텅 빈 둥구나무 곁을 지나
눈에 익은 고샅길 끼고 돌면
건너편 바람받이 언덕엔
연 날리는 코흘리개 하나 보이지 않고
어둡고 썰렁한 집에서는
이따금씩 낮은 기침소리가 들렸다
젊은이들은 제 살붙이 데리고
모두 대처로 공단으로 떠나고
갈 데 없는 늙은이들만
힘에 부치는 논밭과 함께 버려져
하 호젓이 남은 날들을 견디는가
그나마도 몇몇 어른들의 모습은
아주 보이지 않았다
버스 오가는 큰길까지만도 시오리
사방이 다 눈 덮인 산인데
새하얀 새하얀 절망뿐인데…
잃어진 인정만큼이나

새삼 가슴이 저려오는 빈 집터
여기저기 우두커니 선 감나무 가지마다
딸 사람도 먹을 사람도 없는 감들이
떨기째로 고스란히 달려 타고 있었다
쓸쓸한 잉여剩餘의 잉걸불, 겨울 내내

마침계磨針溪의 소년
-이백전李白傳

산과 들을 쏘다니며 놀기만 좋아했던 한 개구쟁이 소년, 어느 날 마을 앞 개울가에서 뭉툭한 쇠뭉치를 숫돌에 갈고 있는 노파를 만났다 소년은 이상해서 물었다

"할머니, 그걸 갈아 뭘 하려고 그러지요?"

"난 이놈을 갈아 좋은 바늘 하나 얻으려고 하지."

노파는 대수롭지 않은 듯이 대답했다 신선이 아니라면 실성한 사람의 말이었다 그러나 소년은 어이없는 그 말에 충격을 받았다 사람도 배워 일깨우지 아니하면 저 쇠뭉치나 무엇이 다를까 보냐고…

이튿날부터 소년은 이전의 개구쟁이가 아니었다 강산도 변한다는 십 년을 두문불출 아둔한 자신을 깨우치고 또 깨우쳤다 소년이 고향을 떠나던 날, 쇠뭉치를 갈아 얻은 바늘이 무척이나 보고 싶었지만, 노파의 모습은 이미 보이지 않았다

대신 소년은 갈고 닦은 채 제 마음속 바늘 하나 가슴에 안고
붕정만리鵬程萬里, 표표히 장강長江의 도도한 물결 위로 올랐다
스스로 전인미답前人未踏의 신선이 되리라곤 짐작도 못한 채로

강은 그림자가 없다

해 아래서는
크든 작든 저마다의 푼수만큼
검은 그늘 한 자락씩 나누어
제 발목에다 꿰찰 수밖에 없지만

세상의 가장 낮은 곳에 누워
온갖 물상物象들의 허물 가슴으로 거두며
더욱 낮은 바다 향해
홀로 제 아픈 등 밀고 가는 강은
그림자가 없다

파적破寂

10시쯤이면 들르곤 하던 우체부도 오지 않고
수다쟁이 대숲마저 기척 없는 봄날
새삼 화첩을 꺼내어
김득신*金得臣의 파적도破寂圖를 보다

벌써 200년이 좋이 넘었지만
붙잡힌 한순간이 볼 때마다
그물로 막 건져 올린 물고기만큼이나 싱싱하다

고양이 입에 물린 병아리의 처절한 비명소리,
날개를 엉거주춤 벌린 암탉의 다급한 울부짖음,
자리를 짜다 말고 용수철처럼 튀어 일어나
툇마루로 나서는 두 양주의 고함소리!

어느새 나의 적막은
바위에 막 엎지른 놋쟁반 바구니가 되어 있다

* 김득신(1754~1822)은 조선 후기의 화가로 단원 김홍도의 영향을 크게 받았으며, 긍재풍속화첩을 남겼다. 원제는 야묘도추野猫盜雛이나 흔히 파적도라고 불린다.

저무는 가을

밀물처럼 그득히 출렁이는 가을을
그대 아름답다 했지만
썰물 때처럼 속절없이 비어가는 가을이
나는 좋습니다

시리도록 파란 하늘 아래
잎 진 가지들 은빛으로 빛나고
시시로 돌아눕는 낙엽이
바다 속보다 깊은 고요로 쌓여가는 숲

홀로 제 발소리 취해 걸어가노라면
어느 모퉁이에선가 불쑥
내가 나를 만날 것만 같은
저무는 이 가을이 나는 좋습니다

글쓴바위* 가는 길

땅끝에 와서야
비로소 건너다뵈던 보길도,
거기서도 그곳은 멀고 외진 바닷가였다
험하고 좁은 비포장길
이름 모를 섬마을도 두엇 지나서
몇 번이고 차 밑바닥을 긁은 끝에
마침내 높은 고갯마루에 서다
내리막길이 하도 험해
거기서부턴 차를 두고 걸어가리라 하고
급경사를 터덜터덜 내려가노라니
따뜻한 남해 남녘이라
겨울에도 산비탈에 예사로 난초잎 푸르고
팔십 노구를 이끌고 적소로 가던
노신의 비감한 마음이던가,
음정월에 벌써
매운 진달래꽃 여기저기 폈다

* 보길도 선백도 마을 앞 바닷가의 바위 이름. 선조~숙종조의 대유학자 우암 송시열이 제주 유배길에 올라 도중에 경치가 좋은 이곳에서 잠시 정박, 임금에 대한 서운함과 그리움을 시로 써서 새겨놓았다 하여 붙여진 이름이다.

감은사지

여기 서니 알 것 같다
세월이란
텅 비는 일임을,
실한 탑과 주춧돌이나 남겨놓고
그저 텅 비어
푸른 하늘 한 장 받드는 일임을
내 마침내 알 것 같다

남녘 봄 북녘 가을

수레 가득 꽃구름 싣고
산 넘고 물 건너
멀고 먼 두만강 너머 간도까지
북으로 북으로 올라가며 나눠주던 남녘 봄

그 고마움 잊을세라
단물 실린 열매
제 불타는 치마폭에 싸들고
남으로 남으로 내려오며 안겨주는 북녘 가을

3
나 하나 꽃피어

지난밤 꾼 꿈이

지난밤 꾼 꿈이
잡힐 듯 아슴아슴 생각나지 않는 날
여느 아침처럼 산 위에 올랐더니
그것 바로 이것 아니냐며
누군가 짙은 안개 저쪽에서 불쑥 들어 보인다

밤새 달구고 달군
놋쟁반 하나

나 하나 꽃피어

나 하나 꽃피어
풀밭이 달라지겠느냐고
말하지 말아라
네가 꽃피고 나도 꽃피면
결국 풀밭이 온통
꽃밭이 되는 것 아니겠느냐

나 하나 물들어
산이 달라지겠느냐고도
말하지 말아라
내가 물들고 너도 물들면
결국 온 산이 활활
타오르는 것 아니겠느냐

나무의 정체

장작을 태워보고 알았다
나이테는
한 겹 한 겹 쌓인 세월이 아니라
켜켜이 잠재운 불이었음을,
온몸의 잎들을 집열판처럼 펴서
해해연년 봄부터 가을까지
그가 열렬히 흠모한 태양이었음을,
마침내 땅에 묶인 저주를 풀고
하늘 향해 회오리치는
자유의 혼이었음을
장작을 태워보고서야 처음 알았다

사랑한다는 것

사랑한다는 것은
그를 위해 기꺼이 종이 되는 일

그리고 또
사랑한다는 것은
그를 위해 종이 되고서도
끝끝내 종이 된 줄을 모르는 그 일

고대적古代的 시간

날 흐려도
자귀나무 잎 열면
아침밥 때

비 내려도
자귀나무 잎 오므리면
저녁밥 때

새가 있는 풍경

엊저녁 나뭇가지에 앉은 뒤
밤새 꿈쩍 않고 얼어 있던 새,
아침 햇살이 와서 이슥히 등을 어루만지자
문득 보석 몇 알 토해내며
하늘 속으로 퐁당 자맥질한다

우음偶吟

해가 서산마루 걸렸습니다
하고 싶은 일들 미처 손도 못 댔는데
고삐 잡혀 등 떠밀려 끌려왔을 뿐인데
벌써 해가 서산마루 걸렸습니다

백결가百結歌

헐벗고 굶주려도 굴하지 말고
거문고 벗 삼아 살려 했더니
이름도 내력도 죄다 숨긴 채
낭산 밑에 호젓이 살려 했더니
헌 옷에 메추리 떼 겹겹이 달아
백결이란 새 이름 다시 준 임자
세밑이라 이웃집 방아 찧는 소리에
심란한 그대 맘을 내가 왜 몰라
반거충이 지아비 쌀은 없지만
여섯 줄 거문고 앞에 있으니
임자 임자, 우리도 떡방아 찧세
궁덕꿍 궁덕꿍 떡방아 찧세

금관

1

먼 옛날 푸른 동햇가에 밝음을 사랑하는 사람들이 살았습니다 해를 사랑하고, 달을 사랑하고, 해와 달이 이루어내는 바다의 반짝이는 금물결을 못내 사랑했던 사람들…

—그들은 어쩌면 아주 빛이 되고 싶었던 것일까요?

어느 날 자신들의 마음처럼 밝고 눈부신 빛의 나무 한 그루씩 빚어 놓고, 해와 달이 떠오르는 동녘을 향하여 푸른 물굽이를 밟으며 떠나갔습니다

2

지혜로운 사람들이 등경 위에 등불을 두듯, 서라벌 사람들도 그 아름드리 찬란한 빛의 나무를 높고 높은 임금님의 머리 위에 심었습니다 엄위嚴威가 아니라, 힘이 아니라, 오직 자애로운 사랑으로 백성들을 보살피라고요

그리하여 한 천년 빛의 나무는 서라벌 온 땅을 그 눈부신 잎과 열매로 밝혔습니다 바람도 없이 하늘거리는 영락瓔珞으로는 빛 물살 일구어 서럽고 외진 지은知恩이네 오막살이를 사랑으로 찰랑찰랑 넘치게도 하고, 잎새 아래 오롯이 영근 비취곡옥翡翠曲玉으로는 전장에 나간 채 소식 없는 임 기다려 오래 지친 설씨녀薛氏女의 많은 밤을 초승달 같은 희망으로 비춰주기도 하고…

3

임금님 가시던 날, 빛의 나무도 임금님의 주검과 함께 깊고 깊은 왕릉 속에 묻혔습니다

일체의 빛이 소멸된 그 절대의 어둠 속에서 빛의 나무는, 너무도 외롭고 심심한 나머지 꿈같은 지난날의 영화를 그리워하며 몇 개의 성냥개비를 가슴에다 가만히 그어보았습니다 명멸하는 빛, 빛들! 아아, 바로 그날부터 빛의 나무는 제 가진 무한량의 성냥개비들을 마구 그어대기 시작했습니다 외로움도, 다시 천 년이 가는 것도, 귀하신 이의 육신이 소롯이 녹아 한 줌 흙이 되는 것도 모른 채…

경포 바다

초저녁에 달 하나 낳고
하얗게 미쳐버린 바다

가장 아픈 추억만을 들춰내어
밤새 들이대던 족집게 바다

거대한 기관 기세 좋게 돌려
꼬박 날 깨워둔 심청 궂은 바다

아주 퍼내려다 뾰족한 수 끝내 못 찾고
아, 그냥 백사장 너머 두고 온 그 바다

근황近況

합환수合歡樹 잎 오므리는 저녁답
찐 호박잎 된장 놓아 쌈 싸먹고
들길 어슬렁어슬렁
저물도록 바라보는
먼 산 저녁놀

4
쥐똥나무 열매만한 시들

수평선

바닷가 음식점에서
입이 큰 고기 아귀수육을 먹다가
힐끗 쳐다보는데
세상에서 제일 큰 입 하나가 창에 걸렸다
한일자로 꽉 다문
저 커다란 윗입술 아랫입술

봄밤

하늘에서는
낭랑한 별들의 담소談笑에 귀먹고
땅에서는
폭죽 같은 개구리울음의 모닥불에 눈멀다

청설모

누가 걸어 둔 채 잊고 갔는가
나뭇가지에 걸려
바람에 나풀거리는
잿빛 목도리 하나

무늬

진초록 부레옥잠 잎에
작은 청개구리 한 마리
우련한 무늬처럼
기척이 없다

모과풍령초

해마다 유월이 오면
한지로 만든 초롱 이고 지고
우리 집을 찾아오는
방물장수가 있다

봄 햇살

나무들이 막 차 스푼만한 잎들을 내밀어
햇살을 떠먹기 시작하는 어제오늘
산중턱 너럭바위에 앉으면 햇살은 내게도
마치 그 옛날 할머니 끓여주시던 숭늉 맛이다

은어들의 고향

청호반새, 물총새의 단검들과
검은댕기해오라기의 창날 다 피하고
수직의 폭포마저 날아오른 뒤
천신만고 끝에 닿아 알 낳고 죽을 먼 먼 그곳!

우리의 소원

성급히 호수 속 달을 꺼내려 안달하지 말 일이다
휘저을수록 그것은 산산이 부서지기 마련인 것
호수 가운데 그냥 저 혼자 오래 놓아두어라
때 되면 가장 크고 둥근 달 휘영청 떠오르리니

봄의 맛

삼동을 푸성귀에 주리다
뒷산 갓 돋은 머위 잎 따서 데쳐
한 잎 한 잎 쌈 싸 먹으면
온몸이 떨리도록 혀끝에 감겨오는 보랏빛 쓴맛!

사이

좋은 게 좋은 게야, 라고 소리치자
좋은 게 좋은 게 아니야, 라고 맞받아친다
게와 게 사이
전혀 다른 렌즈가 끼어 있는 그 둘의 사이

5
시로 쓴 자서전

출생기出生記 I

북해도로 징용 갔던 3대 독자 아들이 폐결핵에 걸려 돌아왔다 몹쓸 병이 나을 때까지 아들 부부를 따로 재우는 수밖에 없다고 의논들을 모았다 그날부터 아들은 할아버지 방에서, 며느리는 시부모 방에서 잠을 잤다 그런데 어른들이 모두 집을 비운 하루가 있었다 그동안 서로가 몹시도 끌렸던 젊은 부부는 환한 대낮에 몰래 죄 짓듯이 한 몸이 되었고, 공교롭게도 그 일로 4대 독자 사내아이가 태어났다 백날도 못 되어 애비 죽고 어미마저도 개가改嫁가 속절없이 할머니 품에 남겨졌던 그 천덕꾸러기!

출생기出生記 II

달이 다 찼지만 좀처럼 세상에 나올 줄을 몰랐다 한다
기다리다 못해 엄마는 한껏 무거운 몸으로 베틀에 올라 꼬박 3일 동안 열두 새 고운 무명베 한 필을 짜내셨다 한다. 씨와 날을 조이는 수천 번의 바디질 소리, 그 길고 간절한 타전打電을, 우둔한 나는 막바지에 어렴풋이 듣기는 들었던 모양이지 베틀에서 내려서자마자 모래집물 터져, 바로 그날 한밤중에 할아버지 정히 추린 짚을 깔고 비로소 나는 첫울음을 터뜨렸다 한다
외롭고 슬픈 창녕昌寧 조씨曺氏 가문의 3대 독자였던 아버지, 그 아슬한 인연의 가지 끝에

개똥이

나 태어나 석 달 동안 할매는 내 이름을 개똥이라 불렀다오 4대 외동 귀하디귀한 핏줄 병도 잡귀도 다 피해가서 부디 명 하나만 길라고 세상에선 제일 역한 개똥, 개똥이라 했더라오 어디메 꽃 같은 이름이 있다 한들 이보다 더 간절한 사랑 다시 또 담기리오

홍역紅疫

첫돌을 한 달 남짓 앞두고 나는 홍역을 되우 앓았다누만

동짓달 차고 긴 밤, 내 여리디여린 목숨 위에 폐렴까지 겹쳐 울음 다 잠기고 목구멍에서 그르렁그르렁 톱질하는 소리가 날 때, 애간장 다 녹아 무너지던 할매 어매 가슴이야 별도 없는 칠흑의 그믐밤이었으리 아니, 천 길 바다 속이 오히려 그보다 밝았으리 인명이 재천이라지만, 저 집 삽작문 아주 닫히려나 싶어 이웃 아낙들도 추위를 잊은 채 뒤꼍 담벼락에 붙어 서서 내 숨소리에 조마조마 귀를 기울이고…

그래도 세상에 제일 모진 것은 목숨이라던가, 마침내 죽음이 제 그림자를 거둔 첫돌날 아침, 문득 알 듯 말 듯한 미소가 갈라진 내 입술 위를 스쳐갔다는데, 아아, 글쎄 그것이 할매 어매한테는 막 동산 위에 떠오르는 해보다도 눈이 부셨다누만

설사 내 종아리 피멍 든다 해도

네댓 살 무렵이었지 아마, 고욤나무 그루터기에 할아버지 붙여놓은 감나무 접을 아주 영 못 쓰게 망가뜨렸던 날은

황토를 곱게 이겨 발라 짚으로 꽁꽁 싸매놓은 것이 왠지 궁금하기만 해서 문득 풀어헤쳤던 것인데, 할아버지 할머니 엄한 꾸중에다 엄마의 회초리까지 휘몰아칠 줄이야! 눈에 넣어도 아프지 않을 손자 버릇없는 사람 되지 말라고 짐짓 꾸짖고 때린 줄 지금에사 내 다 알지만 그때는 왜 그렇게 야속하고 슬펐는지!

그러나 이제 다시 생각하거니와 그분들 시방 내 곁에 계신다면 꼭 그날처럼 날 꾸중하고 때려주실 수 있다면 설사 내 종아리 피멍 든다 해도 기쁘리 더 바랄 것 없으리

엄마의 속곳 끈

네댓 살 무렵 엄마는 “나 없으면 니 우째 살래?”하고 걸핏하면 날 붙들고 우셨지 그때마다 난 어리둥절해서 죄지은 듯 먼 산만 바라봤었네 그러다 밤이 되면 나 잠든 사이 정말 훌쩍 어디론가 떠나갈까 싶어 엄마의 속곳 끈을 내 작은 손아귀에 칭칭 감은 뒤에 비로소 잠이 들곤 했었네 그러나 그건 애초부터 마음까지 붙들어 매는 동아줄은 아니었던 것, 어느 날 밤 엄마는 결국 속절없이 내 곁을 떠나가고 말았네 목이 잠기도록 불러보고 몸부림으로 울어 봐도 한 번 빠져나간 그 속곳 끈 다시는 내 손아귀에 들어오지 않았네 아아, 바로 그날 이후 나는 이 세상 무엇으로도 채울 길 없는 텅 빈 들녘 하나 가슴으로 가지게 되었지 죽는 날까지 양도가 불가능한 그 쓰리고 헛헛한 황원荒原을

나 하나를 당신의 전부로

나 어릴 때 할매는 한 번도 먼데 나들이를 하지 않으셨더래 어쩌다 서울 사는 친척이라도 와서 "아지매, 내 서울 구경 시켜 드릴께" 해도 할매는 그때마다 "서울 구경 암만 좋다 해도 우리 손자 보는 것만 할랑가?" 하고는 늘 어린 내 곁에서 지내셨더래 천지간 귀하고 아름다운 것도 많건마는, 지지리도 못 생기고 덜 떨어진 나 하날 할매는 그렇게 당신의 전부로 사랑해 주셨더래

긴 밤

동지섣달 긴 긴 밤이 아니라도 내 어릴 적 밤들은 늘 아득하기만 했었네

넓디넓은 세상에 할매 하나 나 하나 귀양 살듯 버려졌던 먼 세월 숱한 밤… 그것이 분명 형벌은 아니었으련만, 나는 그 아픈 고요 다 삭이지 못해 잠든 할매 가슴에 얼굴 묻은 채 울기도 많이 울었었네

그런데 참 몰라라, 끝없는 터널 같았던 밤들이 나이 들어갈수록 왜 자꾸 그리움 되어 떠오르곤 하는지…

가슴으로 우는 법

남들은 어른이 되어서야 겨우 이르는 경지를 나는 열 살 남짓에 벌써 다 깨쳐 버렸다네
엄마 떠나고 난 뒤 할매하고 둘이서 걸어야 했던 멀고 서러운 길 난 유독 눈물이 많아 놀다 울고 밥 먹다 울고 더러는 한밤중에 자다가도 깨어나 울었지만 내 눈물 한 번도 바닥나진 않았었지 그러나 언제부터던가 어린 마음에도 불쌍한 할매 가슴에 더 이상 못을 박아선 안 된다고 다시는 그분 앞에 울지 않겠노라고 혼자서 모질게 다짐했었지
오호라, 그때 이후로 난 북바치는 설움들을 그냥 꾹꾹 가슴으로 삼켜 남몰래 지그시 삭이는 법에 아주 도가 트고 말았다네

설움의 바다

이따금씩 생의 외진 굽이를 돌아들 때면 할매는 울음 섞인 노래 홀로 흥얼거리셨네

석탄 백탄 타는 데는 연기나 나지마는 이 내 가슴 타는 데는 연기도 안 난다는 사발가에 사이사이 "내 속을 누가 알아? 내 속을 누가 알아?" 밤을 온통 적시던 그 넋두리… 이웃 사람들까지 몰려와 달래고 달래어도 할매는 끝내 막무가내셨지

나는 지금도 문득문득 그 노래 그 넋두리 귀로 듣지만 그 의미를 속속들이 안다고 할 순 없네 종심從心의 나이로도 그 깊고 막막한 설움의 바다를 그저 어렴풋한 짐작으로나 헤아려볼 따름이라네

할머니

객지에서 공부하다 반공일이 되면 찾아가곤 했던 먼 산골 고향집 초저녁잠이 유달리 많으신 할머니는 손자를 기다리다 지쳐 5촉짜리 전등을 켜놓은 채 주무시고 계셨네

그때야 못내 초라하고 서러웠지만 지금도 할머니 거기 그렇게 계실 량이면 만 번이라도 덜컹대는 고향버스 타리 침침한 전등불 아래 그리운 그분 뵈리

고모

난 지 석 달 만에 영이별해 모색貌色도 모르는 아버지의 누이동생인 고모는 단 하나 남은 친정 피붙이인 나를 만날 때마다 눈물부터 글썽이신다 기쁜 일은 기뻐서 눈물, 슬픈 일은 또 슬퍼서 눈물, 금세 눈물의 화신이 되곤 하신다

제2부

時調

1
낙화암

봄비

은빛 천의 손을
구름 아래 드리우고

어느 우레로도
깨우지 못한 적막

이 누리 녹슨 건반을
누가 와서 치는가

밖으로 울리기보다
안으로 스미는 음계

동토凍土 저 어둠 속에
숨겨진 생명까지

낱낱이 기름을 치네
두루 불을 붙이네

뻐꾹뻐꾹

사월 아침 어디선가 쑥꾹새 문득 울면
열려오는 눈물바다 산이 들이 다 잠기고
한나절 나도 잠기는 뻐꾹뻐꾹 그 깊이

회상의 두레박은 설운 것만 길어 올려
잊어온 그 중에도 소중했던 사랑 하나
아리히 가슴에 쏟는 뻐꾹뻐꾹 그 아픔

설야雪夜

하늘이 나지막이 참 아늑도 하더니만
밤들자 고요 속에 천지 도로 설레어
호젓한 누리 그 위에 축복인 양 내리다

가슴은 잠 못 들고 회한은 파닥여도
창가에 턱을 괴면 은은한 적막인데
누군가 내 영혼을 보듬고 불러주는 자장가…

꽃이여, 미움을 사르는 사랑 같은 꽃이여
산하를 감싸 묻어 두루 백옥白玉일진대
비원悲願의 그 한 금마저 자취 없이 하거라

낙화암落花巖

죽음보다 깊은 적막이
거기 엉겨 있더이다
꽃 피고 꽃 진 자리
꽃대궁만 남아 있듯
강 따라 다 흘러간 자리
바위 우뚝 섰더이다

눈물로, 그 많은 피로
얼룩졌던 바위 서리
천년이 흘러가고
또 천년은 흐르는데
몸 가도 넋들은 사무쳐
진달래로 피더이다

그 날 끊어진 왕조의
단면斷面인 양 슬픈 벼랑
다만 함묵含默으로는
못 다스릴 한이기에
고란사 낡은 쇠북도
피를 쏟아 울더이다

소곡小曲

썰물이 버리고 간
한 개 빈 소라껍데기

오가는 발길에나
차이는 줄 알았더니

보아라
달 밝은 이 밤
찰랑찰랑 괸 달빛!

점화點火

누가 어디에서
초점焦點을 맞추는가

겨우내 물소리만
얼어붙던 가지 끝에

이 아침
불이 붙는다
동백冬栢 하나 타오른다

백록담白鹿潭

태초의 불기둥을
어루만져
식힌 자리

억만년 흙을 빗어
철쭉마저
피워 놓고

마침내 싸늘히 고인
저 비취빛
세월 한 잔

영일만迎日灣

해안은 둥두렷이
활등인 양 휘어지고

수평水平은 또 아득히
시위처럼 팽팽한데

뉘라서 광명을 쏘아
새 아침을 여는고

오랑캐꽃

갠 하늘 맑은 볕뉘 그린 듯 고운 아침
간밤에 온 보슬비에 남빛 머리 감아 빗고
함초롬 이슬 머금은 들녘길의 아씨여

봄이면 그 봄마다 예사롭듯 피고 져도
가직히 지켜보면 넘쳐나는 신비로움
네 작은 생명일망정 섭리攝理 있어 피는가

가냘픈 발돋움이 그 겨울 길 어찌 넘어
말 없는 미소로만 기약처럼 오고 가나
창조주 지으신 뜻을 인지人智로는 못 헬레

설일雪日

눈 내리는 먼 들녘에 홀로 아득히 서면
두고 온 산과 마을 휘장 뒤로 가려지고
어쩌면 하얀 고치 속 누에 같은 나 하나

무엇을 미워하며 무엇을 더 아파하랴
사랑도 뉘우침도 다 비워낸 마음 위에
은은히 날려 쌓이는 저 하늘의 아리아

2
산성리에서

별을 보며

정말 너무 오래 잊은 채 지냈구나
허망한 세상 불빛에 눈멀고 마음 홀려
밤이면 저 하늘 가득 반짝이는 별들을

모깃불 밤새 타던 내 어린 고향 마당
은하銀河 이마에 젖는 멍석 위에 누우면
무엔지 그냥 그리워 잠 못 들곤 했더니…

채우면 채울수록 허전한 삶에 매여
우러러 넉넉했던 먼 날의 그 순수를
아, 정말 너무나 오래 버려두고 살았구나

반월성半月城

묻혀간 세월들이 그리운 저녁답은
더러는 호젓하니 옛 성터를 걸어보자
해 저문 고향 마을을 찾아가듯 그렇게

얼마나 고운 꿈이 피고 진 자리길래
흡사 그 그루터기 같은 주춧돌이 이냥 남고
밟히는 기와쪽 하나도 꽃잎인 양 아픈가

저녁놀 쓸며 오는 저 오랜 어둠 속에
첨성대 머리 위로 별들은 다시 뜨고
오히려 핏빛 선연한 소쩍다새 울음소리

흰 달빛 그날다이 질척이는 고갯길을
토주土酒 몇 잔 기울이고 흥얼흥얼 넘노라면
한 천년 훌쩍 거슬러 나도 처용이어라

목련

잎 다 진 야윈 손에
몇 자루 붓을 들고
겨울 먼 풍설風雪 속으로
아득히 떠났던 너
사월의 그 하늘 밑을 잊지 않고 왔구나

마른 붓끝에다
엷은 먹물 듬뿍 찍어
적적한 세상 하나 문득 환히 밝혀 놓고
잎들을 그리기 전에
잠시 손을 멈춘 한 때

산성리山城里에서

쳇바퀴 같은 일상
하루쯤 벗어놓고
가랑잎 묻힌 골을 한나절 올라가면
억새꽃 구름을 훑는
하늘 아래
산성리

산보다 가난이 싫어
모두들 떠났는가
빛 바랜 분교分校 한 채
우두커니 남은 고원高原
유자빛 물든 노을은 저렇게도 고운데…

방 한 칸 부엌 한 칸
그만하면 넉넉하리
버려진 산밭엘랑 더덕 씨나 뿌려두고
너와 나
이름 없이 묻혀
살고지고, 한세상

새 아침의 노래

1
섣달도 그믐날 밤을 에밀레가 웁니다
이 누리 구석구석 어두움을 밀어내고
한 해가 다한 자리에 또 한 해를 엽니다

2
동해바다 대왕암 너머 아침 해가 떠오릅니다
옥빛 하늘 가로질러 펼쳐 드는 부챗살에
서라벌 오랜 산들이 금관처럼 높습니다

3
토함산 굴참나무로 목선 한 척 짓습니다
나부끼는 돛폭 위에 그려 넣은 환한 소망
떠오는 해를 향하여 나도 닻을 올립니다

까치

정월
새 아침
강 언덕에
나와 서니

버드나무
높은 가지
날아드는
까치 한 쌍

마치 그
울음소리가
흩뿌리는
은화銀貨 같다

유월

지루한
장마 속에
짙을 대로
짙은 녹음

더는
숨 막히어
견딜 수 없는
고비에서

아찔한
진홍의 비명
석류꽃이
터진다

소곡小曲

좁은
새장 속에
갇혀 사는
암비둘기

아비 없는
알 두엇
이 봄 내내
품고 있다

철 가고
해가 바뀐대도
깨어날 일
없는 꿈을

노고단老姑檀 가서

갈매빛 풀밭 하나 수틀로 받쳐들고
밤하늘 성좌만큼이나 난만한 풀꽃들을
땀땀이 투명한 손들이 떠올리는 것을 보았다

골에서 등성이에서 시나브로 이는 구름
열두 폭 흰 무명베로 이불호청 시쳐내듯
마침내 큰 구름바다를 만드는 것도 보았다

그리고 먼 먼 남녘 나부끼는 능선 사이
얼핏 눈만 주어도 느꺼운 내 산하의
풀어진 옷고름 같은 섬진강도 나는 보았다

빛을 보고

밑 빠진 질그릇의 몸 하나 입고 와서
눈으로 창을 삼고 세상 두루 헤맸어도
채울 길 없는 허무의 어둠밖에 없더니

검보다 서슬푸른 그 말씀 내 가슴에
과녁을 명중하는 화살처럼 박히던 날
미망의 안개는 걷혀 눈 부신 빛 보았네

오묘한 법칙으로 만물이 선 이치며
나의 뿌리, 나의 갈 길, 역사의 시종까지
그 모두 세세히 밝혀 전해주신 두루마리

저마다 짝이 있어 빠진 것 하나 없는
어느 절 어느 장이 복된 소식 아니랴만
날 먼저 사랑하셨다는 말씀 귀하고도 놀라워

당신의 피로 값 주고 그분 나를 사셨으니
명예며 재물이며 세상 자랑 다 버리고
나 이제 한 점 흠 없이 남은 날을 서리라

3
낮은 물소리

시론詩論

가령 화폭에다 산 하나를 담는다 할 때
그 뉘도 모든 것을 다 옮길 순 없다
이것은 턱없이 작고 저는 너무 크므로

그러나 그렇더라도 요량 있는 화가라면
필경은 어렵잖이 한 법을 떠올리리
고삐에 우람한 황소 이끌리는 그런 이치!

하여 몇 개의 선線, 얼마간의 여백으로도
살아 숨 쉬는 산 홀연히 옮겨오고
물소리, 솔바람소리는 덤으로 얹혀서 온다

흰 동백

낮달,
사금파리,
물새 눈부신 죽지

절벽에 부서지는 파도의 큰 눈사태

먼 옛날 계림을 적신
이차돈의
핏자국

겨울 강

얼음이 물보다 가볍다는 법 하나가
대지大地의 물들을 위쪽만 얼게 하고
삼엄한 얼음장 밑으로 물의 길을 열어놓다

가령 얼음이 물보다 무거웠다면
필경 바닥서부터 얼음장 쌓였으리니
피라미 한 마리인들 이 엄동을 건널까

굽이굽이 겨울 강이 떨쳐입은 눈부신 은갑銀甲
살아서 잠든 것들 안으로 토닥이면서
조용히 몸을 낮춘다, 먼 기슭을 돌아간다

시월

봄은 낮은 곳부터 조금씩 차 오르더니
가을은 꼭대기부터 서서히 내려온다
숨가쁜 중턱을 지나
마침내는 발치까지

산은 산대로 하늘은 또 하늘대로
흡사 심연처럼 깊어만 가는 세상
생각의 추를 내려도
끝이 닿지 않는다

가을 언덕에서

지는 꽃 피는 꽃이 어우러진 천지간에
주체 못할 기쁨으로 떠나는 신행新行이 있고
쓸쓸히 이승을 뜨는 꽃상여도 있어라

바위마저 꿰비칠 듯 투명한 이 가을날
익은 상수리 다시 부리께로 놓이는데
목숨이 육신을 벗고 가는 곳은 어디뇨

구철초 눈이 부신 맞은편 등성이로
불현듯 적막을 깨고 풀무치 날아간다
미답未踏의 그 한쪽 끝을 저는 안다는 듯이

눈 내리는 밤

땅의 부끄러움을 이미 다 보았거니
굳이 남은 것들을 들추어 무엇하리
하늘이 무명옷 한 벌 밤새 지어 입힌다

지상에 은성殷盛하는 어둠보다 더 큰 사랑
한없이 다독이며 안아주는 용서 앞에서
아기의 젖니가 돋듯 태어나는 세상이여

달과 별이 숨었어도 스스로 차는 밝음
나무들 하나같이 뿔 고운 순록이 되어
한잠 든 마을을 끌고 어디론가 가고 있다

새들이 와서

오늘 저 나무들이 파릇파릇 눈뜨는 것은 이 며칠 새들이 와서 재잘댔기 때문이다 고 작은 부리로 연신 불러냈기 때문이다.

구절초

봄은
흉내가 역겹고
여름은
자충自充이 싫었다

저마다
대국對局이 끝나
돌아가는
언덕 위에

비로소
장고長考를 접고
놓아 보는
눈부신
포석布石!

수박

네 둥근 지표에는 결코 사막은 없다
어디나 푸른 초원
터질 듯 머금은 물
군청빛 긴 산맥들이 남과 북을 달릴 뿐…

그러나 네 안에도 진홍의 불이 있다
칼날에 가지런히 토막 나는 마그마
폭염도 꼬리를 접는
진홍의 불이 있다

가을 속으로 떠나다

한기가 척후병처럼 숨어드는 자정 무렵
거대한 안개 군단이 마을을 엄습한다
여름과 동서남북을 순식간에 지워버리며

결국 또 이렇게 떠날 때가 된 것이다
적당한 게으름과 무기력의 포구로부터
더 깊은 우울과 침잠, 더 낮은 나를 찾아

서둘러 거룻배에 올라 밤새 노를 저어간다
아득히 열려오는 내 안의 먼 먼 바다
눈부신 벌레 소리가 고물 가득 쌓인다

4
영원을 꿈꾸다

빛

돌보다 더 단단한 깊음*을 곧장 뚫고 한 차례 굴절도 없이 먼 우주 가로질러 사람들 가슴 가슴에 와 닿는 빛이 있다

눈썹 밑 두 눈으론 감지할 수 없는 빛, 바위나 흙벽으로도 가로막지 못하는 빛, 마음눈 밝은 자들이 무릎 꿇고 받는 빛

백에 아흔아홉이 감지조차 못 해도 햇빛과 달빛이 아닌, 별빛은 더욱 아닌, 잘 부신 질그릇마다 찰랑찰랑 담기는 빛

자그마치 3조 광년 천억 은하 건너와서 굳이 잠긴 빗장을 따 마음 문 열어젖히고 미망의 어둔 골짝들 비추는 빛이 있다

* 우주의 끝 가장자리에 절대온도(-273.16도)로 얼어 있다는 거대한 물층

고비사막 신기루

아침부터 내달리는 장엄한 칭기즈칸의 땅
물 실린 먼 호숫가, 풀밭이며 우거진 숲
해종일 가고 또 가도
다가오지 않는다

홀연 차 앞을 질러가는 가젤 몇 마리
바로 그 등 너머로 아득히 호수가 있다
끝끝내 다다라 보면
자취조차 없는 것들

나이 쉰여덟에야 비로소 나 알겠네
한사코 붙잡겠다고 숨 가삐 쫓아온 것들
그 모두 그림자임을
부질없는 신기루임을

동행
—메타세쿼이아 가로수길

지난겨울 담양 가서 문득 그들을 만났다
소쇄원에 잠시 들러 어디론가 가노라니
죽 뻗은 어느 한길 가를 그들은 걷고 있었다

굵고 튼튼한 다리, 하나 같이 훤칠한 키
즐겨 입던 초록 두루막 다 벗은 맨몸으로
매서운 된바람 속을 성큼성큼 가고 있었다

키 낮은 사람이라 홀대할 줄 모르고
작은 손 이끌어주던 어린 날 삼촌들처럼
그 하루 춥고 먼 길을 오래 함께 걸어주었다

산의 잠언

으늑한 골짜기엔 으레 말씀이 있다
가늠 못할 깊이에서 돌 틈 비집고 나와
아래로, 아래로 풀리는 긴 긴 이야기 있다

벼랑 밑 너덜겅을 사람들 시시로 와
타래 긴 중간토막 삭둑삭둑 베어 먹어도
때마다 아무 일 없는 듯 이어지는 저 입담

가파른 비탈에선 낭랑한 음성이다가
아찔한 단애에선 희디흰 질타지만
바위들 이끼를 입고 경청하는 산의 잠언

먼 평원 곤한 순례 목소리 다 잠기고
때 절은 남루가 되어 큰 품에 안겨들 때
비로소 수고 다 끝나 부활하는 노래가 있다

첫 흔적

큰 바다
밤새도록
타이르고
떠나간 뒤

흠과 티
하나 없이
누그러진
가슴팍을

도요새
붉은 발목이
찍어 넣는
첫 흔적!

손

나무는 가슴속에 은밀한 손이 있다
겨우내 일손 놓고 우두커니 선 듯해도
안으로 색종이 썰어 꽃과 잎을 접는 손

막 던진 쟁이처럼 사방으로 뻗은 가지
촘촘히 하늘을 받친 그 숱한 깃대 끝에
일제히 큰상 내오듯 봄 잔치를 차리는 손

작고 바지런하고 잽싸면서 또 정교해
때맞춰 잎새 사이 열매까지 달고 가는
아무도 본 적이 없는 우렁각시 손이 있다

추사적거지*에서

아득한 물길 너머 섬만도 감옥인데
기껏 이백 평 남짓 탱자울에 다시 갇혀
십 년에 일 년을 감한 긴 세월을 났다니!

웬만한 심지心志라면 병이 되었을 적거謫居
근동의 아이들을 혈육처럼 깨우치며
먹물로 다스린 고뇌를 추사체라 이르던가

산이 앞을 막아서면 멀리 굽이치는 강
끝내 저를 낮추어 한바다에 이르듯
세한도 휘어진 솔가지 사뭇 눈이 시리다

* 추사적거지秋史適居地 : 제주도 남제주군 대정읍 안성리에 위치한 추사 김정희의 유배지

박재삼문학관 가서

한 해가 저무는 섣달 스무아흐레 날
창선도 대교 건너 삼천포항에 갔다
노산에 거처를 정하신 스승님을 찾아서

때마침 산등에는 동백이 불이 붙어
명절날 큰집에 모인 어린 조카딸들처럼
깔깔깔 마구 터뜨린 떼 웃음이 한창이었다

스승님은 스물 네다섯 삼촌의 옷차림으로
몸소 현관까지 마중을 나오시어*
정말로 오랜만이라며 사진 한 판 찍자시고…

삼층 전망대에 나란히 올라서니
남일대 코끼리바위 바다가 턱밑인데
저 멀리 공일날처럼 점점 섬이 떠 있었다

* 문학관 입구에 생전의 시인과 사진촬영을 할 수 있는 포토존이 설치되어 있다.

다시 가을에

하늘이 너무 아득해 두충나무 잎은 지고
뚱딴지 대궁들도 암갈색을 띠는 무렵
스산한 가을의 끝에 또 한 번 나는 섰네

귓등을 넘어오는 억새꽃도 속절없지만
달포 전 삔 무릎이 여전히 시큰거리는
다 낡은 몸 한 채 추슬러 용케 예까지 왔네

가져가지 못할 바엔 욕심은 부질없는 것
가진 모든 것을 영원에나 투자하며
양날의 칼 한 자루 들고 또 한 준령 넘자 하네

다림줄에 관하여

목수의 공구 가운데 하늘의 지혜 있다
묵직한 다림추 달아 중력 속에 내맡기면
대지의 심장을 겨누는 저 수직의 화살 한 대

산이거나 들이거나 서슬 푸른 깨우침 앞에
비로소 기둥들은 스스로를 곧추세우고
세상의 벽이란 벽들도 소스라쳐 정립正立하나니

하필 목수들만 다림을 보겠느냐
오늘 하루 뉘에게 짐이 되진 않았는지
깊은 밤 드리워보는 내 마음속 다림줄 하나!

5
고삐에 관한 명상

호박

불볕에 달아오른 돌담 위를 기어가며

한 생 잎도 꽃도 사랑받지 못하고

줄줄이 낳은 자식마저 비명에 보낸 에미

그예 서리가 내려 온몸이 말라가도

늦둥이 두어 놈만은 한사코 젖을 물려

이 세상 가장 큰 열매 하늘가에 얹는다

가을 어귀에서

산중턱 너럭바위 잠시 앉아 쉬는 겨를
건들마 등을 타고 가을이 당도했다
상수리 잘 익은 첫물 비탈길에 굴리며

밤소나기 한 줄기에 그예 여름은 갔나
샛노란 물레나물 조명 막 꺼진 길섶
서둘러 까실쑥부쟁이 손전등을 켜든다

모시옷 갈아입고 종일 한가론 구름
잊고 산 고향길이 손금처럼 떠오거니
오늘 밤 풀벌레 소리 섬돌 가득 쌓이겠다

득음得音

섬 말
부려놓고
쌓았다
허물었다

우는 곳
쐐기도 여럿
괴었다
빼었다가

새벽녘
가까스로 올린
내 마음속
누각 한 채!

독毒에 관하여

청산가리 치사량은 불과 0.15 그램
톡 쏘는 탄산음료에 극소량만 섞어도
한 목숨 없애기에는
충분한 양이라 한다

그러나 놀라지 마라, 더욱 놀라운 독은
순은의 말씀*에 떨군 몇 방울 첨삭添削이다
거뜬히 수억 명씩을
요절내던 그 맹독猛毒!

* 순은의 말씀-흙 도가니에 일곱 번 단련된 은의 말씀(시 12:6)인데, 이 진리에 변개를 가하는 자들이 있다. 바로 이 변개로 말미암아 한 해에도 수천만 명이 영원한 형벌의 장소를 예약한다.

우주를 읽다

시골집 평상에 누워 우주를 펴듭니다
할머니 팔베개로 어린 날 읽었던 책
순금의 그 돋을새김 오늘 다시 읽습니다

활자며 배열이며 구두점에 또 행간…
예나 지금이나 변한 것 하나 없어도
여전히 살아 빛나는 저 신비의 두루마리

시간의 긴 강물 속 무수한 사람들이
저마다 지혜를 다해 읽어내곤 했지만
누구도 그 바른 뜻을 풀어내지 못한 문장

눈으로 바라보나 눈으로 읽을 수 없고
다만 가슴으로 어루만져 깨치는 언어
국자별 한 소절에도 하마 밤이 깊습니다

역대기歷代記*를 읽으며

사람의 이름들로 가득한 책이 있다
영락瓔珞처럼 반짝이는 별들의 이름 아니라
지상의 삶을 살고 간 이름들이 빽빽한 책

대륙과 지역을 달리한 족장들의
무려 수천 년의 그 오랜 릴레이를
참으로 사람의 힘으론 헤아릴 수 없는 일

물들에서 물들을 나눠 창공을 조성하고
허공에 땅을 매달아 사람을 살게 하신
우주의 주인이라야 기록할 수 있는 그 일

하늘땅 해 달 별들의 장엄한 내력보다
당신의 형상을 닮은 사람을 귀히 여겨
더 많이 이름들로 채운 놀라운 책이 있다

* 구약성경 39권 중의 하나. 상하 두 권으로 되어 있는데, 상권 1-9장에 걸쳐 최초의 사람 아담부터 이스라엘의 기브온 거민까지(B.C. 4004-1056) 무려 2948년간의 계보가 기록되어 있다.

고삐에 관한 명상

1

모래 구덩이에서 갓 깨난 새끼 거북
한 쪽을 제외하면 다 죽음의 방향인데
용케도 물소리 들리는 바다 쪽을 향해 간다

누구의 가르침도 그는 들은 바 없다
다만 날 때부터 지녀온 본능의 고삐
투명한 그 이끌림 따라 생명의 첫 길을 간다

2

사람의 뇌리 속에도 그런 고삐 들어 있나
평생 흑암에 살다 한 점 빛 보는 순간
홀연히 마음눈 열려 좁은 길로 드는 사람

많이는 왜 저럴까, 의혹의 눈길을 주고
더러는 너무 변했다, 뒤에서 수군대지만
흔연히 모든 걸 두고 진리의 첫 길을 간다

산

찾아가면
사라지고
돌아오면
거기 있어

그냥
아득히 두고
눈길이나
던지건만

낭랑한
물소리를 보내
그는 늘
안부를 묻네

상처의 힘

더 높이 더 멀리 골프공이 날아가는 건
제 몸 가득히 패인 딤플들 때문이다
빽빽이 뒤덮인 상처가 바로 그의 힘이다

일견 매끈한 공이 멀리 갈 듯하지만
마찰과 부력이 그에게선 일지 않는다
온 힘을 다해 때린대도 겨우 몇 십 미터일 뿐…

먼 길을 가는 자에겐 모두 딤플이 있다
고통의 고비마다 아로새긴 흔적들
필살의 타격에 업혀 홀인원도 이루느니

하늘의 말

나 아직 모국어를 익히기 전 그 옛날
뜻 모를 옹알이도 채 뱉지 못하던 때
마음의 손에 들려진 여의봉이 있었네

두 발만 바동대는 발가숭이 왕자여도
낮이든 한밤이든 식구들이 대령하던
신께서 나에게 맡긴 그 무형의 리모컨

자음과 모음 아닌 그냥 그 울음이며
엄마의 젖꼭지도 입술로만 알던 촉각…
까마득 거기 두고 온 하늘의 말 있었네

제3부

童詩

1
첨성대

시월이 오면

시월이 오면 가야지
먼 시골역에 내려
다시 시오리 산길을 가서야 닿던
할아버지네 마을로

나지막한 돌담 위에
담쟁이 잎 붉고
초가지붕 위엔
보름달 같은 박이 여물 거야

그때쯤 할아버진
하늘 감기는 긴 장대로
하나씩하나씩 빨간 감을 따서
바구니에 담으시고

흰 무명옷 주름지신 할머닌
금빛 물든 뒤뜰에서
가다간 문득문득 지는
아람을 주우시겠지

그리고 밤이 오면
희미한 등잔불 밑에
두 분이서 마주앉아 두런두런
손꼽아 날 기다리실 거야

어둠 속에 묻힌 길이
귀에 익은 물소리 따라
달밤처럼 환하던
오오, 할아버지네 마을로
가야지, 가을이 한창일 그때

첨성대

옛날 모란꽃 같으신 여왕님이 슬기롭게 나라를 다스릴 적에 그 나라 사람들 또한 슬기롭게 동방에서 맨 처음 하늘로 통하는 길을 열었습니다

삼백예순여섯 개의 돌을 다듬어 한 단 한 단 어기영차 쌓아 올려서 그렇게 먼 우주로 문을 열었습니다

그 날 마지막 돌을 얹던 날, 여왕님은 몸소 오시어서 신하들과 함께 둥글게 둥글게 한바탕 지신을 밟으시고 가장 슬기로운 박사님들에게 소중한 첨성대를 맡기셨겠지요 당신께서 다스리는 그 나라만큼이나 저 하늘도 알뜰히 보살피라고요

그 날 밤부터 박사님들은 첨성대 위에 서서 나라 안 백성의 수처럼 많은 하늘의 별들에게 고운 이름 하나씩 불러주고 들국화 같은 별자리들을 그려 갔겠지요

그때 박사님들은 곰곰 생각했을 테지요 있을 듯도 없을 듯도 한 우주의 끝을, 그 우주 속의 겨자씨만한 자신을, 그리고 자신의 마음속에 찰랑찰랑 담기는 또 하나의 우주를…

그러다가 어느 날 문득 여왕님이 이 세상을 떠나가시고 첨성대를 지키던 박사님들도 어디론지 한 분 한 분 가버린 뒤 마침내 첨성대는 동그마니 혼자 남았습니다

아, 그 날부터 물 따라 물처럼 흐르는 천년 속에 첨성대는 얼마나 숱한 밤을 외로움에 울었는지요

우주를 잊지 않고 우주를 향해 뻗어가는 사람들은 지금은 먼 별에까지 우주선을 보내는데, 빈 들녘 홀로 잊혀진 첨성대는 어찌할 수 없는 슬픔에 이제는 가만히 가슴에다 아픈 금을 긋고 있습니다

지구의 무게

아침이면 누군가
풀 한 포기
천칭저울 삼아
지구의 무게를 달아보고 있다

한쪽은
뿌리에 칭칭
지구를 동여매 놓고
또 한쪽은
풀잎 끝에 달랑
수정 분동 하나 올려놓아
우리 사는 지구를 달아보고 있다

오늘 아침도
지구의 무게는
이슬
한 방울!

매운 달

동생을
때렸다고
엄마한테
야단맞고

눈물
찔끔 짜며
동구밖길
걷노라면

매워라,
마늘쪽처럼
서산 머리
걸린 달

나 잠든 사이

나 잠든 사이
어디론가 숨었던 내 이름을
"조수아!"하고 부르시는
아빠 목소리에서
찾아 챙기고

나 잠든 사이
엄마가 밤새 떠서
머리맡에 놓아두신
포근한
털장갑을 끼고

나 잠든 사이
지구의 먼 저편을 돌아
푸른 동해물에
세수하고 온 아침,
그 눈부신 부챗살 속에 서면

아아! 나 잠든 사이
세상엔 눈이 내렸구나

늘 시무룩하던
강 건넛산이
흰 머리 성성한 할아버지 되어
환히 웃고 계시다

바람은

바람은 아침 솔숲에
가지런히 머리를 감고

종일 들판으로 가서
보리밭을 누빈 다음

해질녘
언덕에 올라
억새꽃을 쓰다듬는다

바람은 저녁 대숲
댓잎들과 수런대다

외딴집 뒤꼍을 넘어가
문풍지도 울려보다가

한밤중
고른 숨소리로
잠이 든다, 고요가 된다

시조 짓기

할 말이 많은데
그릇이 작다구요?

무엇을 어떻게 할지
어렵기만 하다구요?

하지만
깨치고 보면
작은 둘레, 큰 우주

풀잎 끝 이슬 한 방울
산과 들이 잠겨들고

우리 작은 눈동자에도
온 세상이 담기잖아요?

이 오랜
청자 항아리
꽂아 봐요, 자기 꽃을!

숲속 길

동구 밖 큰길 곁에 나만 아는 길 있다
하늘소, 사슴벌레, 풀무치, 귀뚜라미…
그 온갖 친구들이 사는 숨겨진 길이 있다
상수리 큰 구멍에 다람쥐 집이 있고
느티나무 높은 가지 따구새* 알을 품는
하루도 들르지 않으면 궁금한 숲속 길 있다

* 때까치를 경상도에서 달리 이르는 말

아기 1

때마다
새 열매 맺는
말 나무를
너는 아니?

고 작은
입술 가에
조롱조롱
열리는 열매

온 식구
귀로 따먹는
말 나무를
너는 아니?

아기 2

저 하늘
크신 분이
보내주신
숨은 그림

무한한
모양과 색깔
구석구석
사려 담아

날마다
찾고 찾아도
다 못 찾는
숨은 그림

풍란

목젖 다
드러내고
까르르
웃는 아기

진초록
배냇저고리
고물대는
흰 발가락

엄마 젖
달콤한 향이
방안 가득
일렁인다

2
우리나라
나비 새 풀 나무 1

나비들의 애벌레와 먹이식물

갈구리나비 애벌레는
섬갯장대 잎을 먹고
갈구리나비가 된다

수풀떠들썩팔랑나비 애벌레는
기름새 잎을 먹고
수풀떠들썩팔랑나비가 된다

작은홍띠점박이푸른부전나비 애벌레는
돌나물을 먹고
작은홍띠점박이푸른부전나비가 된다

지구상에 살고 있는
약 1만 종의 나비들의 애벌레와
짝을 이룬 먹이식물들

아! 누가 언제
이 많은 짝들을 만들어
우리 곁에 살아가게 했을까?

제일 긴 나비 이름

우리나라
사람 이름 가운데
제일 긴 이름은

1위가
황금독수리온세상을놀라게하다
2위가
금빛솔여울에든가오름

우리나라
나비 이름 가운데
제일 긴 이름은

1위가
작은홍띠점박이푸른부전나비
2위가
큰홍띠점박이푸른부전나비

어때요?
사람이름과 막상막하지요?

뿔나비

뿔! 하고
말하는 순간
사나운 코뿔소가
생각나지만

나비 가운데
유일하게
뿔을 가진
뿔나비

그러나 그 뿔은
꽃잎 하나라도
다치게 하는
무기가 아니다

다만
적을 만났을 때
잠깐 겁만 주는
뿔 모양의 뿔

적이 주춤하는 사이
서둘러
달아나기 위한
눈속임의 뿐이다

거꾸로여덟팔나비

막 한자를
익히기 시작한
개구쟁이

검은 칠판에
흰 분필로
'여덟 팔'
거꾸로 겨우 써놓고

"엄마, 이것 봐
이거
여덟 팔 맞지?" 한다

"아냐.
아니래두."
해도

고개 절레절레 흔들며
"아냐, 엄마
이게 틀림없어." 하며
자꾸만 우기는
개구쟁이

새

사람은
하늘 땅 바다를
나누어서 살아도

새들은
무엇 하나
나누는 법이 없다

온 세상
하늘 땅 바다
오고 싶으면 오고

온 세상
하늘 땅 바다
가고 싶으면 간다

별난 생김새의 새들

오렌지색 부리 위에
검은색 혹을 가진
혹고니

뒷머리에
뿔 모양의 털이 있는
뿔매

구두주걱 같은 부리로
물속을 좌우로 저어서
먹이를 잡아먹는
저어새

뒷머리에
예쁜 댕기를 뽐내는
댕기물떼새

머리 깃털이
인디언 추장의 머리장식을 닮아

인디언추장새라고도 불리는
후투티

모두모두
둘째가라면 서러운
멋쟁이들이죠

텃새와 철새

텃새는
텃새라서
언제나
곁에 살고

철새는
철새라서
철 따라
가고 오고

우리나라 풀 이름 1

우리나라 풀 이름에는
아득하고 아득한
할머니의 할머니 적
바느질 기구가 들어 있어요

바늘꽃
가위풀
골무꽃

우리나라 풀 이름에는
아득하고 아득한
할아버지의 할아버지 적
도구 이름이 들어 있어요

절굿대
장구채
갈퀴나물

우리나라 풀 이름에는
서럽고 고달픈 삶을 살다간

그 옛날 엄마들의
이야기도 들어 있어요

며느리밥풀
며느리배꼽
며느리밑씻개

우리나라 풀 이름 3
-나도, 너도

엄마가
나에게 무엇을 주면
동생도 달려와
"나도, 엄마!"라고 하듯이

꽃마리를 닮았다고
나도꽃마리
여우콩을 닮았다고
나도여우콩

밤나무가 아닌 것이
분명하지만
밤나무와 비슷한
너도밤나무가 있듯이

바람꽃과 비슷하다고
너도바람꽃
골무꽃과 비슷하다고
너도골무꽃

산골 장날

톱장수 톱풀
바늘장수 바늘꽃
가위장수 가위풀
골무장수 골무꽃
투구장수 투구꽃
갈퀴장수 갈퀴덩굴
짚신장수 짚신나물
놋젓가락장수 놋젓가락나물

산골 장날
온갖 장수 다 모였다

우리나라 나무 이름 1

잎 모양이
여덟 갈래로 갈라진 것은
팔손이나무
일곱 갈래로 갈라진 것은
칠엽수

열매가
쥐똥처럼 까말 땐
쥐똥나무
팥처럼 붉을 땐
팥배나무

근처에 이르러
말 오줌 내가 나면
말오줌나무
누린내가 나면
누리장나무

불에 탈 때
꽝꽝 소리를 내는 녀석은

꽝꽝나무
자작자작 소리를 내는 녀석은
자작나무

나무들의 점층법

팔배나무, 콩배나무, 아그배나무
이렇게 셋을 차례대로 세워놓고
고로쇠나무 선생님이 말했어요

자, 지금부터 점층법을 설명하겠어요
이 셋이 각기 들고 있는 열매들을
왼쪽에서 오른쪽으로
순서대로 보세요

팥배나무는 가장 작은 팥배를 들고
콩배나무는 그보다 좀 더 큰 콩배를 들고
아그배나무는 셋 중 제일 큰 아그배를 들고
각기 제 열매들을 뽐내고 있지요?

바로 이렇게
작은 쪽에서 큰 쪽 순서로
보여주는 방법이 점층법이에요
이제 다 알겠지요?

3
우리나라
나비 새 풀 나무 2

나비이름에 숨어 있는 대조법 1

큰 나무 곁에
작은 나무가 함께 살듯이

큰멋쟁이나비 곁에
작은멋쟁이나비가 산다

키 큰 아빠하고
작은 내가 손잡고 함께 가듯이

큰은점선표범나비 곁에
작은은점선표범나비가 난다

나비이름에 숨어 있는 대조법 2

작은 것만 있으면
큰 것을 모를까 봐

꼬마팔랑나비가 있고
대왕팔랑나비가 있다

큰 것만 있으면
작은 것을 모를까 봐

왕줄나비가 있고
애기세줄나비가 있다

왕은점표범나비

유월이 오면
어느 주말 하루쯤
엄마 아빠랑 배 타고
엉겅퀴, 금방망이 피어나는
서해바다 외딴 섬
굴업도에 갈까

야생화한 염소와 꽃사슴이
개머리 억새 초원에
길을 내고 똥을 누어
애기뿔쇠똥구리들이
산다는 곳

그 잘 썩은 똥거름 먹고
지천으로 피는
엉겅퀴, 금방망이 꽃밭에서
멸종위기종 왕은점표범나비를
하루에 300마리는
쉽게 볼 수 있다는 곳

푸른 바다를 배경으로
너울너울 옮겨 앉으며
맛있게 꿀을 따는
눈에 삼삼한
왕은점표범나비 만나러
굴업도에 갈까,
유월이 오면

우리나라 새 이름 익히기 2
—희다

눈썹이 희다고
흰눈썹황금새

뺨이 희다고
흰뺨검둥오리

목이 희다고
흰목물떼새

배가 희다고
흰배지빠귀

꼬리가 희다고
흰꼬리수리

깝작도요

새우 한 마리 먹고
꽁지 한 번
까아닥

조개 한 마리 먹고
꽁지 두 번
까아닥

장다리물떼새

검은 등
하얀 배도
보기 좋지만

빨갛고
가늘고
기다란 다리

갯벌도
겅중겅중
다니기 좋고

웬만큼
깊은 물도
걸어 건너 또 좋고

우리나라 풀이름 익히기 1
-민속박물관

우리나라 풀이름은
옛 물건들이
고스란히 보관되어 있는
민속박물관입니다

짚으로 삼아 신은
옛 사람들의 신발이
보관되어 있는
짚신나물

문에 다는 돌쩌귀에다
병사들이 머리에 쓰던 투구까지
함께 간수되어 있는,
그늘돌쩌귀라는 별명을 가진
투구꽃

지금은 폐백* 때에나 잠시 보는
시집올 때 새색시가 쓰던 족두리가
앞으로 몇 만 년 정도는 걱정 없게
갈무리되어 있는

족도리풀

수렵시대 사람들이
물고기 잡아먹던 낚시가
또 하나도 녹 안 슬고 남아 있는
미꾸리낚시…

우리나라 풀이름은
아슴아슴 사라져간 정겨운 물건들이
보석처럼 간직되어 있는
민속박물관입니다

* 신부가 처음으로 시부모를 뵐 때 큰절을 하고 올리는 물건. 또는 그런 일.

우리나라 풀이름 익히기 3
-어디 숨었지?

어디 숨었지?

제비꽃에 제비,
뻐꾹나리에 뻐꾸기,
거북꼬리에 거북,
개구리자리에 개구리,
두루미꽃에 두루미

모두 어디 숨었지?

우리나라 풀 이름 익히기 4
-작은 거인들

작아서 좀스럽대도
기죽지 않는다

좀꿩의다리
좀가지풀
좀고추나물

키 작아 아기 같대도
쳐다보고 웃는다

애기부들
애기원추리
애기현호색

키가 거의 없어도
하늘 향해 웃는다

땅귀개
땅빈대
땅채송화

우리나라 풀이름 익히기 5
-바위에, 돌 너설에

바위에 붙어살면서도
꽃 피우고
잎 피우고
열매 맺는 풀들

바위솔
바위구절초
바위미나리아재비

돌 너설에 살면서도
꽃 피우고
잎 피우고
열매 맺는 풀들

돌단풍
돌마타리
돌바늘꽃

나무들의 대조법 2
–'왕'과 '좀'

같은 나무라도
크기가 유난히 크면
이름에 '왕'자를 붙여주지요.

왕대
왕고로쇠
왕매발톱나무

같은 나무라도
크기가 유난히 작으면
이름에 '좀'자를 붙여주지요

좀병꽃
좀굴거리
좀작살나무

나무이름에 숨겨진 직유법
—예쁨과 귀여움의 차이

작아도
각시처럼 예쁘면
'각시'라는 말을
머리에 씌워주어요

각시석남
각시괴불
각시말발도리

작아도
애기처럼 귀여우면
'애기'라는 말을
머리에 씌워주어요

애기모람
애기동백
애기닥나무

나 하나 꽃 피어

조동화 시
반딧불 곡

Andante chiaro (♩=70) 밝고 맑게

19
2.
나 하나 온 산 — 이
rit.
a tempo
cresc.
활 — 활 타 오 르 는 — 것
아 니 겠 느 냐
결 국 온 산 — 이
rit.
con fuoco(불타오르듯이)
a tempo
활 — 활 타 오 르 는 — 것
아 니 겠 느 냐
morendo
33

조동화 시선집 『낙동강』읽기 / 박명숙(시인)

빛과 화음의 자리

조동화 시선집 『낙동강』읽기 / 박명숙 (시인)

빛과 화음의 자리

-나 하나 꽃피고 너 하나 꽃피어

1. 시인과 고향

짧은 겨울 햇살을 받으며 낯선 시골 마을로 들어섰다. 구미시 무을면 오가 1리, 시인이 태어난 고향이며 시인의 빛나는 명편들이 태어난 산실이기도 하기에 한번은 다녀오고 싶던 곳이었다. 한길로부터 깊숙이 들어앉은 오가 1리는 제법 먼 길이었다. 창녕조씨 집성촌, 갈래 많은 골목들이 실핏줄처럼 벋어가며 한때는 번성한 풍모를 과시했을 마을에서, 선산과 고향을 지키는 노인들이 무채색 오후를 맞고 있었다. 마을 안쪽 중앙에 자리잡은 시인의 생가를 노인들은 "안집"이라 불렀다. 반듯하고 정갈해 보이는 작지 않은 몸채였다. 하지만 긴 세월을 이기지 못하고 쇠잔하게 낡아가는 처지는 이웃의 오래된 여느 집들이나 진배없어 보였다. 친척인 집주인은 출타 중이고 안주인은 귀를 먹어 시인의 옛이야기를 전해들을 수 없는 아쉬움만 남기고 돌아서야 했던 날, 잠깐 일별한 산마을에서의 시간은 어린 시인 조동화의 얼굴이 희미한 밑선을 그리며 무채색 크로키처럼 곁을 스쳐 가던 시간이기도 했다.

남다른 기다림과 외로움으로 마음 주렸을 유년 시절, 그 태생지에서 겪었을 지워지지 않는 시간의 상처와 아픔도 결국은 '시인의 숙명'을 점지받느라, 시인으로 살 수밖에 없는 가혹한 대가를 치르느라 그랬던 건 아니었을까 싶다. 어머니의 어린 아들과 할아버지의 어린 손주, 그 여물지 못한 슬픔을 씻기고 달래주었을 대숲이 마른 그림자를 끌며 따라 나오던 겨울날을 잊을 수 없다.

*

시인은 시조, 동시, 시의 순서로 등단을 거친 남다른 시력을 보유하고 있다. 다양하고 전방위적인 창작을 아우르면서 장르를 고집하지 않는 멀티형 시인이기도 하다. 소재와 내용을 적격한 시형에 배치하는 행보를 통해 형식을 넘나드는 전천후적인 노련한 기량을 선보여왔다. 자유롭고 매이지 않는 시 정신으로, 타고난 문기와 핍진逼眞한 시혼을 가동하며 43년 동안 6권의 시조집과 5권의 시집, 2권의 동시집을 상재했다. 반세기에 이르는 오랜 세월을 벼리고 다져온 내공과 역량으로, 독자들의 사랑과 문단의 빛나는 평가를 받아온 시들을 다시 읽으며, 도저한 시의 궤적을 좇아 그 필치와 창작혼을 만나보고자 한다.

2. 내재율, 마음이 품은 운율

1

어린 시절 나는 엄마의 등에 업혀 처음으로 낙동강을 보았다 동백기름 냄새 향긋한 엄마의 어깨 너머 멀리 아득히 보이던 비취빛 강물… 그러나 미처 그것이 강인 줄을 모르고, 하늘이 제 많은 자락 중에 유독 짙푸른 한 자락을 내려, 산과 산 사이로 천천히 끌어가고 있는 것이라고 생각했었다

2

강을 사이에 두고 숨 가쁜 전쟁이 오가던 그 여름, 아버지는 먼길을 떠나셨지 강을 건너서 마른 황토黃土, 먼지 이는 산굽이 길을 뚜벅뚜벅 아버지는 멀어져 가셨지

3

학교가 파하고 나면 나는 홀로 강둑에 앉아 종무소식終無消息인 아버지를 그리며 종이배를 접어 띄우곤 하였다 물결을 따라 물결 앞세우고 따라갈 수 없는 먼 곳으

로 남실남실 사라져 가던 하얀종이배…
아버지는 보셨는지 몰라, 그리움을 실어, 내 소년을 실어 날마다 띄워 보낸 그 많은 종이배를

4
깊은 밤 어머니는 곧잘 강으로 가셨다 아버지의 마지막 뒷모습을 보셨던 것일까, 달빛에 젖어 빛나던 어머니의 눈물, 꼭 어디론가 훌쩍 떠나가실 것만 같은 예감에 몰래 어머니의 뒤를 밟아온 나는 또한 소리 없이 울었다 무성한 갈대숲에 몸을 숨긴 채

5
오래 응석받이 손주의 든든한 울이셨던 할아버지, 당신께서는 생전에 즐겨 자주 난蘭을 치셨지 눈부신 화선지 위에 늘 알맞게 휘어져 있던 묵란墨蘭 이파리, 이제 나는 알겠네 흰 달빛 아래 아득한 모래벌이 한 장 화선지로 깔리는 이 밤, 비로소 고개 끄덕이며 알아보겠네 먼 산굽이 휘어져 돌아가는 묵란 이파리 하나, 한평생 휘어지고 또 휘어져서 마침내 아주 강물 위에 포개진 할아버지 그 묵란을

6
아침나절, 나는 어린것의 손을 잡고 산 위에 올라 낙동강을 보았다
첩첩한 산기슭을 돌고 돌아서 아스라이 굽이치는 순은純銀빛 먼 강물, 흰 두루막 입은 할아버지의 뒤를 소복素服한 어머니도 따라가고 있었다 오오, 아프고도 소중한 인연因緣의 모습!
나는 문득 어린것을 무동 태우고 오래오래 먼 강물을 가리켜 보였다

-「낙동강」 전문

시의 몸통을 가로지르는 주인공은 “낙동강”이다. 화자는 일인칭 관찰자로서의 시선을 비교적 담담하게 감당한다. 시 전반을 지배하는 푸른빛과 흰빛의 강물 이미지는 비극적인 한 가족의 애환의 서사를 동반한다. 하지만 그 강물빛은 “비취빛”과 “순은 빛”으로 승화된 서정적이고 아름다운 빛이기도 하다. 뫼비우스의 띠처럼 마지막 행이 첫 행으로 변주되며 순환 구조를 갖는 이 시는 애틋하고 아름다운 강의 평화를 정서적 기류로 삼는다. 그리고 강 허리와도 같은 서사가 각각 독립적인 6연의 형식을 빌려 감각적이고 애상적인 아우라를 그리면서 흘러간다.

“엄마의 등에 업혀” 처음으로 바라보던 “비취빛” 강, “종무소식인 아버지를 그리며” “종이배”를 띄우던 강, “어머니의 눈물”이 “달빛에 젖어 빛나던” 강, “산굽이 휘어져 돌아가는 묵란 이파리” 같던 할아버지의 강, 젊은 아버지가 되어 “어린것을 무동 태우고” 바라보던 “순은 빛” 강. 행간에 동원된 서사적 상상만으로도 애절한 정서를 유발하는 이 시의 진술과 묘사는 “아프고도 소중한 인연”의 곡진한 내력을 장강처럼 그려낸다. 결핍과 부재, 상실의 세월을 따라 휘어지던 낙동강은, 그러나 “하늘이 제 많은 자락 중에 유독 짙푸른 한 자락을 내려, 산과 산 사이로 천천히 끌어가고 있”던, 첫 강물의 이미지로 회귀하려는 현재적 의미를 잃지 않는다.

젊은 엄마 등에 업힌 아들과 젊은 아버지 어깨에 무동을 탄 아들은 서로 다르지 않다. 어제의 아들이 오늘의 아들을 업고 내일을 바라보는 강물은 곡절 많은 가족사의 핏줄이자 한 많은 역사의 탯줄을 닮았다. 여러 해를 기다려 완성한 자전적인 시, 낙동의 뒷물결이 앞물결을 밀어 올리는 유장한 시간의 내재율을 읽어가다 보면 시 낭송가들이 다투어 이 시를 아끼고 애송하는 까닭도 알게 된다.

> 일찍이 어느 마음에도 부리지 않고 외로 알뜰히 지녀온 내 사랑, 그 사람 알고 나서 그 사람 몰래 그 사람에게 주었는 줄 그 사람은 알까. 지금쯤 내 그 사랑은 그 사람 가까이서 그 사람의 머리카락 날리는 꽃바람으로 머물거나, 혹은 그 사람이 가끔 거니는 산길에 이름 없는

풀꽃으로 피어나서 그저 꽃인 듯이 그 사람의 얼굴 빤히 쳐다보는지도 모를 일인데, 이 진실을 그 사람은 알까

또 한편 그 사람에게도 나만큼 지녀온 사랑 있어 겉으론 짐짓 미워하고 속 다르게 마음으론 아끼어서, 소중한 그 사람의 사랑 전부를 나 몰래 나에게 쏟았는지 어쨌는지 알 수 없고…. 그리하여 그 사랑도 지금쯤 내 고적한 밤마다 하늘의 작은 별이 되어 그저 별인 듯이 나를 자상히 내려다보거나, 허구한 날 나의 창에 머무르는 햇빛이 되어 온몸으로 따스히 나에게 기대오는지도 알 수 없는 일인데, 아아 정말인들 그 진실을 내가 알 리 있을까

-「부지不知」 전문

"사랑"의 온갖 마음은 얼마나 많은지 알 수도 없지만, 그 사랑은 도처마다 얼마나 가득한 조바심으로 은밀한 기척들을 내비치고 있을 것인가. 말과 글 이전의 표정과 몸짓, 그 비언어적 소통에 의지한 순정한 독백의 시편이 아름답다.

"그 사람이 가끔 거니는 산길에""풀꽃으로 피어나", "꽃바람"으로 "그 사람의 머리카락"을 날리거나 "꽃인 듯이" "얼굴 빤히 쳐다보는" 사랑을, 그런 "진실"을 그 사람은 모를 것이고, 몰라도 "외로 알뜰히 지녀온" 사랑은 훼손되지 않을 것이다. 그렇더라도 못내 낌새를 고대하는 게 사랑이라면, 사랑의 안타까운 "부지不知"를 끝내는 어떻게 감당해야 하는가. "그 사람" 또한 "나만큼 지녀온 사랑 있어" "사랑 전부를 나 몰래 나에게 쏟았는지" 알 수 없지만, "별이 되어" 날 내려다보거나, "햇빛이 되어" "나에게 기대오는지도" 모를진대, "정말인들 그 진실을" 어떻게 알아차리게 될 것인가.

사랑하는 이들은 서로에게 "꽃"과 "별"과 "햇빛"이 되어, 세상에서 가장 아름답고 빛나는 원형의 상징으로 다가가고 싶어하면서, 한편으론 "외로" 된 사랑의 행복한 역설을 느끼기도 한다. 세상의 풀꽃과 바람으로 별빛과 햇빛으로 맺어진 채, 물어

볼 수 없는 사랑의 진실을 지켜가는 정경이 그윽하고 따스하기만 하다.

나 하나 꽃피어
풀밭이 달라지겠느냐고
말하지 말아라
네가 꽃피고 나도 꽃피면
결국 풀밭이 온통
꽃밭이 되는 것 아니겠느냐

나 하나 물들어
산이 달라지겠느냐고도
말하지 말아라
내가 물들고 너도 물들면
결국 온 산이 활활
타오르는 것 아니겠느냐

-「나 하나 꽃피어」 전문

시인을 일약 국민시인으로 등극하게 한 작품이다. 세상에 태어나는 시들은 무릇 생물과도 같아 스스로의 삶과 운명을 끌고 다니는 것은 아닐까. "나 하나 꽃피"고 "나 하나 물들어"가는 일이 도무지 쉽지 않은 현실을 살고 있지만, 어떤 시는 끝까지 세상을 향한 위안과 희망을 놓으려 하질 않는다.

90년대 중반에 불씨를 지핀 시가 긴 화력을 뿜어내며 여전히 독자들의 열화 같은 사랑과 사회적 조명을 한몸에 받고 있다니, 가편의 위력이 놀랍기만 하다. 언제나 문명의 뒷전에 서 있기 일쑤인 시인에게 사이버 공간과 각종 매체를 통한 축포가 쏟아지는 일 자체가 아이러니한 이변이지만, 충실하게 살아남아 존재를 여실히 자리매김하는 시 한 편이 대견하지 않을 수 없을 것이다.

비교적 단기간에 완성했다는 이 시엔 누구나 부담 없는 이해가 가능한 언어의 조합이 있을 뿐이라고 시인은 잘라 말한다. 감동과 깨달음의 세계를 쉽고도 자연스럽게 전도하는 텍스트로서의 이 짤막한 작품은 독자를 잃어버린 시단의 고민을 해결하는 한 축으로 기능해도 좋을 것이다. 실로 교과서적인 주제를 기저에 거두절미하듯 명쾌한 비유로 깔아놓은 시다. '하나'는 모두가 변하기 위한 기폭장치이며, '하나의 꽃 핌'은 곧 변화로 가는 첫 폭발이라고 시인은 말한다. 작은 폭발 하나가 연쇄반응을 일으켜 마침내 "풀밭"을 "꽃밭"이 되게 하는 시의 메시지는 단순하지만 강렬하다. 성공한 한 편의 시가 시인들에게 주는 희망도 외면할 수 없을 것이다. 경주 보문호반 둘레길에 시비詩碑로 서 있는 작품이다.

> 네댓 살 무렵 엄마는 "나 없으면 니 우째 살래?"하고 걸핏하면 날 붙들고 우셨지 그때마다 난 어리둥절해서 죄 지은 듯 먼 산만 바라봤었네 그러다 밤이 되면 나 잠든 사이 정말 훌쩍 어디론가 떠나갈까 싶어 엄마의 속곳 끈을 내 작은 손아귀에 칭칭 감은 뒤에 비로소 잠이 들곤 했었네 그러나 그건 애초부터 마음까지 붙들어 매는 동아줄은 아니었던것, 어느 날 밤 엄마는 결국 속절없이 내 곁을 떠나가고 말았네 목이 잠기도록 불러보고 몸부림으로 울어 봐도 한 번 빠져나간 그 속곳 끈 다시는 내 손아귀에 들어오지 않았네 아아, 바로 그날 이후 나는 이 세상 무엇으로도 채울 길 없는 텅 빈 들녘 하나 가슴으로 가지게 되었지 죽는 날까지 양도가 불가능한 그 쓰리고 헛헛한 황원荒原을
>
> -「엄마의 속곳 끈」 전문

"나 없으면 니 우째 살래?". "네댓 살 무렵" 화자가 엄마에게 들은 말이다. "어리둥절해서 죄 지은 듯 먼 산만 바라"보던 아들, 엄마만이 전부인 아들이 밤마다 "엄마의 속곳 끈"을 "손아귀"에 감아쥐고서 잠이 든들, 그 속곳 끈이 "마음까지 붙들어 매는 동아줄"이 될 수는 없었던 일이라, 엄마는 "속절없이" 자식 곁을 떠나고 만다. "한 번 빠져나간 그 속곳 끈 다시는" "손아귀

에 들어오지 않"는다는 걸 안 뒤로 "채울 길 없는 텅 빈 들녘 하나"가 "쓰리고 헛헛한 황원荒原"처럼 "가슴"에 들어앉게 된 어린 화자에게, 허기지고 목말랐을 '엄마의 부재'는 "죽는 날까지 양도가 불가능한" 처절한 내상을 입혔으리라.

한과 원망으로 점철된 그리움의 상처를 안고 살게 된 화자에게 외로움은 치유할 수 없는 질환처럼 자꾸 덧나곤 하지 않았을까. 앞서 읽은 「낙동강」의 연작시와도 같은 작품이며, 세부주제를 함께하는 「출생기出生記 1」과도 같은 고리를 물고 있는 작품이라 할 것이다.

바닷가 음식점에서
입이 큰 고기 아귀수육을 먹다가
힐끗 쳐다보는데
세상에서 제일 큰 입 하나가 창에 걸렸다
한일자로 꽉 다문
저 커다란 윗입술 아랫입술

-「수평선」 전문

날 흐려도
자귀나무 잎 열면
아침밥 때

비 내려도
자귀나무 잎 오므리면
저녁밥 때

-「고대적古代的 시간」 전문

유장한 장형 시편들 사이로, 「수평선」, 「고대적 시간」, 「별리」, 「모과풍령초」 등 비중 있는 단형 시편들도 적지 않기에 두 편을 가려 텍스트로 삼아 보았다.

「수평선」에서 "아귀"와 "수평선"이 서로 닮았다면 '입이 크다'

는 것이겠다. 아귀 입은 수평선의 입으로 건너가게 된 시적 동인을 부여한다. "한일자로 꽉 다문/ 저 커다란 윗입술 아랫입술"의 "세상에서 제일 큰 입"을 가진 수평선, "꽉 다문" 두 입술은 하늘과 바다로 나뉘는 입술이다. 바닷가 "창에 걸"린 자연의 두 입술이 서로를 굳게 다물고 있는 풍경을 통해, 조물주의 맹세도 철석같이 파랗게 다가온다. 간결한 진술을 묵직하게 뒤집는 반전의 비유가 독창적이고 노련한 매력을 더한다.

「고대적古代的 시간」은 "자귀나무 잎"이 열리고 오므라드는 "아침밥 때"와 "저녁밥 때"의 시간을 "고대적 시간"으로 배경을 설정한 작품이다. 저녁이 되면 아침에 나란히 벌렸던 두 몸을 마주 포개는 신비로운 잎 현상을 '시계'에 빗대어 표현한 자귀나무는, 분홍 쥘부채처럼 펼쳐진 꽃과 더불어 고대의 시간을 거슬러 오르는 듯한 미묘한 분위기를 자아낸다. 마주 보도록 설계된 시의 두 연이 만나고 헤어지는 잎의 시간을 그리면서, 상응하는 대구와 대조의 담백한 수사도 독특한 여운을 남긴다.

포착, 짧은 시는 대상의 미세한 표정과 기민한 움직임을 놓치지 않는 찰나의 긴장과 포착에 성패가 달려 있다. 시야에 포착된 장면과 정황은 전광석화의 순간에 그려진다. 위의 두 시는 대상물의 '순간 포착'에 성공한 직관이 돋보인다. 내용과 제목의 거리 두기도 확보되어, 읽고 상상하는 감상의 묘미가 만만치 않고, 심층적이고 다각적인 해석의 여지 또한 풍부해진다.

3. 외형률, 운율이 품은 마음

사월 아침 어디선가 쑥꾹새 문득 울면

열려오는 눈물바다 산이 들이 다 잠기고

한나절 나도 잠기는 뻐꾹뻐꾹 그 깊이

회상의 두레박은 설운 것만 길어 올려

잊어온 그 중에도 소중했던 사랑 하나

아리히 가슴에 쏟는 뻐꾹뻐꾹 그 아픔

-「뻐꾹뻐꾹」 전문

등을 넘어간 "쑥꾹새". 쑥꾹새는 어디서 우는 것이며, 몸이 보이지 않는 그 울음은 얼마나 가뭇없는 울음일까. 마음 닿을 길 없는 그리움 쪽으로 "사월 아침"이 귀를 뻗으면, "열려오는 눈물바다"에 산도 들도 화자의 "한나절"도 바닥 모르게 잠겨 든다. 그렇게 "회상의 두레박"을 드리우며 쑥꾹새 목청은 "설운 것만"을 "길어 올"리고, 그중에서도 "소중했던 사랑 하나"를 "아리히 가슴에 쏟"아 부으며 아물지 못한 긴 시간의 상처를 돌아보게 한다. 아픔의 깊이를 잴 수 없는 사랑이 천지간 큰 울음을 빚어내고야 마는 것이다.

"뻐꾹뻐꾹". 시의 혈관을 타고 들려오는 쑥꾹새 울음에서, 이승의 목숨을 파고드는 사랑의 한을 읽게 된다.

묻혀간 세월들이 그리운 저녁답은
더러는 호젓하니 옛 성터를 걸어보자
해 저문 고향마을을 찾아가듯 그렇게

얼마나 고운 꿈이 피고 진 자리길래
흡사 그 그루터기 같은 주춧돌이 이냥 남고
밟히는 기와쪽 하나도 꽃잎인 양 아픈가

저녁놀 쓸며 오는 저 오랜 어둠 속에
첨성대 머리 위로 별들은 다시 뜨고
오히려 핏빛 선연한 소쩍다새 울음소리

흰 달빛 그날다이 질척이는 고갯길을
토주土酒 몇 잔 기울이고 흥얼흥얼 넘노라면

한 천년 훌쩍 거슬러 나도 처용이어라

-「반월성半月城」 전문

화자는 천년의 땅에 터를 잡고 산다. 풀 한 포기, 돌 하나도 역사를 품고 있는 곳이다. 산과 들을 오르내리고 마을과 거리를 걷는다는 건 서라벌의 오늘을 체현하며 살아간다는 뜻일 게다. "묻혀간 세월들이 그리운 저녁답", "해 저문 고향마을을 찾아가듯" 반월성 "옛 성터"를 걷고 있는 화자를 뒤따르다 보면, "꿈이 피고 진 자리"마다 "주춧돌"은 남아서 "그루터기" 같고, 귀 떨어진 "기와쪽"도 아픈 "꽃잎"만 같다. 어둠이 "저녁놀"을 쓸며 오는 동안 "첨성대"는 머리 위로 "별들"을 켜 들고, "소쩍다새"도 "핏빛 선연한" 울음을 토해낸다. "흰 달빛 그날다이 질척이는 고갯길"에 이르러, 마침내 화자는 "토주 몇 잔 기울이"며 "한 천년 훌쩍 거슬러" 오르는 "처용"이 되고 싶다.

이방의 사내, 신라의 어지러운 밤을 관용으로 이겨낸 남자, 담대하고 위풍당당했던 영혼을 지닌 처용. 고향으로부터의 삶을 옮겨심은 땅에서, 과거와 현재가 동시대로 드나드는 삶을 허락받은 화자에게 덧씌워진 처용은 누구일까. '지금, 여기'를 살아내지 않으면 안 되는 생존의 심경을 그 처지와 처세에 투사하고 의존하며, 동반하고 싶었던 자아의 페르소나가 아닐까. 특별한 상징을 지닌 그 존재를 내면의 자화상으로 그려내기에 옛 성터만 한 시공간의 배경도 없을 것이다. 화자에게 처용은 달리 "우리들의 큰 형님"이자 더불어 "큰일 한 번 의논해 보"고 싶은 "멋쟁이"(「처용 형님과 더불어」) 형님이기도 하다.

가령 화폭에다 산 하나를 담는다 할 때
그 뉘도 모든 것을 다 옮길 순 없다
이것은 턱없이 작고 저는 너무 크므로

그러나 그렇더라도 요량 있는 화가라면
필경은 어렵잖이 한 법을 떠올리리
고삐에 우람한 황소 이끌리는 그런 이치!

하여 몇 개의 선線, 얼마간의 여백으로도
살아 숨 쉬는 산 홀연히 옮겨 오고
물소리, 솔바람소리는 덤으로 얹혀서 온다

-「시론詩論」 전문

시를 창작하는 태도나 방법에 대한 비유나 상징이 맞춤처럼 적절해 보이는 작품이다. 산수화를 그리는 행위와 시 쓰는 일은 서로 다르지 않으며, 빈 화폭에 산수를 들여놓듯 시도 그렇게 묘사를 하면 되는 거라고 시조 형식으로 쓴 "시론詩論"이 일러준다. 정형의 율격을 빌렸기에 시보다는 시조 쪽으로 좀 더 관점의 비중을 싣고 있는 것으로 보인다. 비유적 진술을 통해 시상을 진중하게 전개하면서 긴장을 유발하는 안정된 구도도 놀랍지만, "고삐에 우람한 황소 이끌리는 그런 이치"에 다다르면 시조란 결코 녹록치 않은 공력과 화법을 요하는 장르라는 걸 알 수 있게 된다. "몇 개의 선"과 "얼마간의 여백"은 소재와 시어들을 가득 채우는 무리한 욕심이 결코 시조가 될 수 없음을 천명하며, 나아가 시조만이 가지는 간결하고 절제된 미학적 특질을 강조하고 있다.

덜어내기와 빼기의 그림. 지우고 걷어내고 비워낸 무욕 끝에 살아남은 시적 표현들이야말로 '여백' 속에서 생동하는 기운을 획득하며 작품의 완성도를 높여갈 것이다. 말을 필요로 하지 않는 여백이야말로 불립문자의 몫이며, 문자 밖에서 무한 증식하는 표현의 권역이 아니겠는가. 시조는 가장 경제적인 장르이기에, 창작 행위 또한 숨을 아끼고 몸을 덜어내며 근육을 키워내는 고도의 긴축적인 문학 행위로 보는 것이다.

시조 짓는 묘미를 "오랜/ 청자 항아리"에 "꽃"을 꽂는 기쁨에 비유하며, "작은 둘레"에 "큰 우주"를 담아내는 흥미로운 작업으로 일깨운 동시조 「시조 짓기」도 같은 맥락에서 재미있게 읽힌다.

갈매빛 풀밭 하나 수틀로 받쳐들고

밤하늘 성좌만큼이나 난만한 풀꽃들을
땀땀이 투명한 손들이 떠올리는 것을 보았다

골에서 등성이에서 시나브로 이는 구름
열두 폭 흰 무명베로 이불홑청 시쳐내듯
마침내 큰 구름바다를 만드는 것도 보았다

그리고 먼 먼 남녘 나부끼는 능선 사이
얼핏 눈만 주어도 느꺼운 내 산하의
풀어진 옷고름 같은 섬진강도 나는 보았다

-「노고단老姑檀 가서」 전문

지리산 만학천봉이 늙은 할미의 가슴 아래 엎드려 있다. 높고 낮은 태고의 봉우리들을 품어온 성소 "노고단老姑檀". "갈매빛 풀밭"을 "수틀"로 삼아 "난만한 풀꽃들"을 "떠올리는" 햇살의 "투명한 손들"과, "이불 홑청 시쳐내듯" "큰 구름바다를 만드는" "골"과 "등성이"의 느린 구름들을 바라보다 보면, "먼 남녘"의 "능선 사이"로 "풀어진 옷고름"처럼 흘러가는 아득한 "섬진강"도 예사롭지 않게 다가온다. "얼핏 눈만 주어도 느꺼운 내 산하"를 보듬고 사랑을 뿜어내는 '할미당' 산정의 뜨거운 젖줄을 세상의 어떤 기운이 대적할 수 있을 것인가. 남달리 역사적 어둠과 허기가 깊었던 고단한 민족의 산, '노고운해'의 영봉에 올라 대자연의 경이로운 풍광에 압도된 화자의 시정에 독자의 감흥도 아름드리 잇대어지는 노래다.

이처럼 거대하고 유장한 스케일의 소재를 다룬다 해도 시인은 결코 과장과 엄살, 굴절과 왜곡을 남용하거나 격렬한 기세를 몰아붙이는 법이 없다. 현란하게 범람하는 언어의 인플레로 갈증을 불러들이는 위기도 자초하지 않는다. 외려 주도면밀하게 탁마한 사유와 감각을 빈틈없이 정선된 표현으로 구사하며, 대상의 내밀한 본질과 목소리를 웅숭깊게 전달하려는 진지한 의도를 놓치지 않는다. 가락과 호흡 또한 유연하고 자연스러워 어디에도 걸리는 데가 없는 작품이다.

4. 어린이, 어른의 아버지

아침이면 누군가
풀 한 포기
천칭저울 삼아
지구의 무게를 달아보고 있다

한쪽은
뿌리에 칭칭
지구를 동여매 놓고
또 한쪽은
풀잎 끝에 달랑
수정 분동 하나 올려놓아
우리 사는 지구를 달아보고 있다

오늘 아침도
지구의 무게는
이슬
한 방울!

-「지구의 무게」 전문

"지구의 무게는/ 이슬/ 한 방울!". 더는 사족이 필요 없다. "풀 한 포기"가 "천칭저울"이 되어 "지구의 무게를 달아보고 있다"니, 기발하고 절묘한 발상이다. 대상에 대한 오랜 관찰과 탐색 끝에 한순간 낚아챈 영감을 옮겨 적은 창작 행위로 이만한 성과를 끌어내기가 쉽겠는가. '이슬 한 방울'의 월척이 아닐 수 없다. 풀잎 저울은 "한쪽은/ 뿌리에" "지구를 동여매 놓고" "한쪽은/ 풀잎 끝에" "분동 하나 올려놓아" 지구의 무게를 재고 있다. 이슬방울은 풀잎의 어느 쪽으로도 기울지 않은 채 미동 없이 앉아 있다. 그렇게, 지구의 무게는 이슬 한 방울만큼만 무거워서, "오늘 아침도" 이슬방울은 지구를 거뜬히 들어올리고 있는 것이다.

윌리엄 블레이크의 “한 알의 모래 속에서 세계를 보는” 영혼의 눈이 떠오르는 시다.

이슬방울에 들어가지 못할 것은 아무것도 없다. 자연도 세상도 우주도...... 어쩌면 풀잎 저울은 신의 저울이 아닌지, 그 저울에 마음의 무게도 달아보고 싶어진다.

옛날 모란꽃 같으신 여왕님이 슬기롭게 나라를 다스릴 적에 그 나라 사람들 또한 슬기롭게 동방에서 맨 처음 하늘로 통하는 길을 열었습니다

삼백예순여섯 개의 돌을 다듬어 한 단 한 단 어기영차 쌓아 올려서 그렇게 먼 우주로 문을 열었습니다

그 날 마지막 돌을, 돌을 얹던 날 여왕님은 몸소 오시어서 신하들과 함께 둥글게 둥글게 한바탕 지신을 밟으시고 가장 슬기로운 박사님들에게 소중한 첨성대를 맡기셨겠지요. 당신께서 다스리는 그 나라만큼이나 저 하늘도 알뜰히 보살피라고요

그 날 밤부터 박사님들은 첨성대 위에 서서 나라 안 백성의 수처럼 많은 하늘의 별들에게 고운 이름 하나씩 불러주고 들국화 같은 별자리들을 그려 갔겠지요

그 때 박사님들은 곰곰 생각했을 테지요. 있을 듯도 없을 듯도 한 우주의 끝을, 그 우주 속의 겨자씨만한 자신을, 그리고 자신의 마음 속에 찰랑찰랑 담기는 또 하나의 우주를…

그러다가 어느 날 문득 여왕님이 이 세상을 떠나가시고 첨성대를 지키던 박사님들도 어디론지 한 분 한 분 가버린 뒤 마침내 첨성대는 동그마니 혼자 남았습니다

아, 그 날부터 물 따라 물처럼 흐르는 천년 속에 첨성대

는 얼마나 숱한 밤을 외로움에 울었는지요

우주를 잊지 않고 우주를 향해 뻗어가는 사람들은 지금은 먼 별에까지 우주선을 보내는데, 빈 들녘 홀로 잊혀진 첨성대는 어찌할 수 없는 슬픔에 이제는 가만히 가슴에다 아픈 금을 긋고 있습니다

-「첨성대」 전문

"먼 우주로 문"이 열린 "첨성대". "삼백예순여섯 개의 돌"을 "쌓아 올려서" "동방에서 맨 처음 하늘로 통하는 길"을 열게 된 첨성대는 "여왕님"에겐 각별한 상징물로서의 꿈이자 자랑이었으리라. "마지막 돌"을 얹던 날도 몸소 "지신"을 밟으며, "박사님들"에게 "나라"를 맡기듯 "하늘"을 맡겼고, 박사님들도 "백성의 수"만큼 많은 "하늘의 별들에게" 이름을 불러주며 "별자리"를 그려나가곤 했을 것이다. 그리고는 "우주의 끝"과 "우주 속의 겨자씨만 한 자신을" 혹은 "마음 속" "또 하나의 우주"를 생각하다가 그리던 별자리로 모두들 떠나버리고 만 것이다.

'직선과 곡선의 구조적 안정성과 심미적 조화를 갖춘, 유례가 드문 건축물'로 평가받는 아름다운 첨성대. 그러나 천문학의 세계적인 수준을 과시하던 귀중한 첨성대가 오늘은 금이 가고 어깨가 기울어진 부실한 몸으로 하늘의 별들을 우러르고 있는 중이다. 천년의 지혜와 사랑이 담긴 문화적 유산이 "천년"의 "외로움"과 "슬픔"으로 "가슴에다 아픈 금"을 긋는 현실을 견디지 않으면 안 되는 "잊혀진" 이름이 되고 만 것이다. "먼 별에게까지 우주선을 보내는" 세상의 무관심 속에 방치된 "빈 들녘"의 첨성대는 생의 허무와 세월의 무상으로 다가오는 쓸쓸한 상관물로만 존재하고 있을 뿐인가.

바람은 아침 솔숲에
가지런히 머리를 감고

종일 들판으로 가서

보리밭을 누빈 다음

해질녘
언덕에 올라
억새꽃을 쓰다듬는다

바람은 저녁 대숲
댓잎들과 수런대다

외딴집 뒤꼍을 넘어가
문풍지도 울려보다가

한밤중
고른 숨소리로
잠이 든다, 고요가 된다

-「바람은」 전문

"바람"의 하루가 궁금하다. 바람은 어디를 돌아다니다 어디서 잠이 드는지, 화자의 예민한 촉수가 바람의 꽁무니에 따라붙는다. "아침 솔숲에" "머리를 감고" 해종일 "보리밭을 누"비다가 "해질녘"엔 언덕의 "억새꽃을 쓰다듬"던 바람은, "저녁 대숲"에 들어 "댓잎들과 수런대다" "외딴집 뒤꼍" "문풍지도 울려보다가" "한밤중"이면 "고른 숨소리로/ 잠이 든다". "고요"가 되는 것이다. 종일 세상과 몸 부딪고 놀다가 돌아와 잠드는 바람은 지칠 줄 모르는 동심의 힘을 표상하는 기제로 작동하는 듯하다.

바람은 감각이 몸이다. 감각의 몸을 입어야 바람이 된다는 걸 이 시는 오감을 동원해 묘파하고 있다. 세상을 누비고, 쓰다듬고, 수런대고, 울려보는 하루를 온몸으로 살아낸 뒤 마침내 고요가 되어 내일을 충전하는 바람의 삶을, 시인은 기운생동하는 물활론적 세계관을 통해 보여주는 것이다.

톱장수 톱풀
바늘장수 바늘꽃
가위장수 가위풀
골무장수 골무꽃
투구장수 투구꽃
갈퀴장수 갈퀴덩굴
짚신장수 짚신나물
놋젓가락장수 놋젓가락나물

산골 장날
온갖 장수 다 모였다

-「산골 장날」 전문

풀꽃들의 이름은 친근하고 정겹다. 일상의 도구나 일용품, 혹은 사람의 외양이나 속성에 의탁해 명명되어지는 경우가 많기 때문이다. 사연과 유래도 무시할 수 없다. 숲과 노지에 지천으로 핀 풀꽃과 나물들의 풍경이 "산골 장날" 몰려든 "온갖 장수"들의 떠들썩한 모습들과 경쾌하게 오버랩된다. "톱풀"과 "갈퀴덩굴"은 "할아버지의 할아버지 적/ 도구"(「우리나라 풀 이름 1」)를 파는 "톱장수", "갈퀴장수"와 같고, "바늘꽃", "가위풀", "골무꽃"은 "할머니의 할머니 적/ 바느질 기구"(「우리나라 풀 이름 1」)를 파는 "바늘장수", "가위장수", "골무장수"를 연상케 한다. "투구꽃"과 "짚신나물"도 "아슴아슴 사라져간 정겨운 물건들"(「우리나라 풀 이름 익히기 1-민속박물관」)의 얼굴과 흡사하다.

친숙한 소재와 흥미로운 내용이 소박한 재미와 즐거운 긴장을 안긴다. 수사와 허사를 배제한 채 최소한의 기본적인 뼈대만으로 쓴 작품이다. 더할 수도 뺄 수도 없는 철저한 언어의 절약으로 시 쓰기의 전략적 구사를 즐기는 시인만의 강점이 발휘된 시이다. 이보다 더 감량할 수 있겠는가.

5. 나 하나 꽃피고 너 하나 꽃피어

행간의 허방만을 디딘 듯 혼란스럽다. 무엇을 들여다보고 어떻게 읽었는지 당혹스럽다. 시를 읽을 수 없으면 품으라고 어느 시인이 말했던가. 읽지 못하고 읽어갈 수 없었던 시들은 오래 품어두려 한다. 말 못 할 시들을 말로써 읽는다는 게 얼마나 낭패한 일이었는지 자책이 커진다. 그럼에도 시 읽기의 즐거움은 홀로 즐거운 일이다.

글 읽기로부터 '글쓰기'로, 독자로부터 '저자'로 옮겨 앉으면서 읽는 즐거움과 쓰는 괴로움도 자리를 바꿔 앉게 되고, 고통에도 불이 붙기 시작하는 것은 아닐까. 그렇더라도 인생의 어느 순간 돌이킬 수 없는 걸음을 들여놓게 된 필연의 길이었다면, 문학과 시를 평생의 매혹적인 반려로 삼고 동행하려는 행복도 예사로운 낙은 아닐 것이다.

나 하나 꽃피고 너 하나 꽃피어 풀밭이 꽃밭으로 달라진 뜰, 나 하나 물들고 너 하나 물들어 단풍으로 타오르는 산, 만물의 빛과 소리가 서로 받아들이고 비추면서 땅의 평화로 물결치는 시의 화엄 세계를 그려보는 날, 반환점을 돌아선 세월의 울 너머로 '아리히' 흐르는 길을 지켜보고 계실 시인의 고즈넉한 눈길이 떠오른다.

*

외형률과 내재율, 동심의 장르를 두루 섭렵하며 통섭의 시를 써온 시인의 창작세계는, 세상과 세월의 웅숭깊은 비의와 섭리를 엿보고 깨닫게 한다.

이성과 감성이 조화와 균형을 이루는 가운데, 대상의 본질과 개성을 통해 명상과 성찰을 유도하는 시편들은, 현자와도 같은 통찰과 직관의 세계를 지향하고 있는 듯하다. 운명과 의지가 서로 대척하고 길항하면서 화해와 합일에 다다르고자 하는 구도의 자세 또한 논리를 초월한 장력과 내공을 보여주기도 하지만, 그런 점이 필연적인 생의 역동을 부르는 강한 기운과 힘을 자아내기도 한다. 이 시집은 반세기 가까운 시력을 정산하고 새로운 시업을 열어가는 큰 의미와 의의를 갖는다. 다시 맞이할 시편들이 생의 노정과 내면 풍경을 어떻게 그려나갈지 알 수 없지만, 혈의 자리를 더 돋우는 고요하고 충일한 작업으로 이어지지 않을까 기대하게 된다.

시상을 비켜가지 않는 적확한 시어와 문장을 적소에 구사하고자 하는 철저한 문법 정신과 창작 의지로, 주제의 남다른 울림과 목소리를 통해, 문장의 소모적인 낭비와 현란한 제스처, 공소한 수식과 왜곡된 언어유희에 매몰된 작금의 글쓰기 세태에 대한 따끔한 일침도 놓치지 않는 시인. 사유의 잔뼈에 감성과 가락과 감각의 피돌기가 따라붙는 지난하고 고독한 외길을, 한 번에 두 걸음을 내딛지 않는 보법으로 점진하는 우보만리의 작품들을 기다리며, 독자들도 시인이 베풀 또 다른 시의 은전을 각별히 꿈꾸게 되리라 믿는다.

조동화曺東和 연보年譜

1948. 12. 2.
경북 구미시 무을면 오가리 81번지에서 출생.
(조부 曺九鉉, 조모 金五分, 부 曺永久, 모 尹桂順)

1962.
무을초등학교 졸업.

1965.
선산중학교 졸업.

1969.
김남환, 정표년 시인과 함께 백수 정완영 선생 만남.

1970.
시 「우리의 노래 속에는」으로 학원문학상 받음.
김천 중앙고 졸업.

1971.
영남대학교 문리과대학 국문학과 입학.
전국대학문화예술축전 시조 「설야(雪夜)」 당선.

1972.
하종오, 조향순, 장태진 등과 『석필(石筆)』 동인.
시 「무제(無題)」로 영대문화상 당선

1974.
동화작가 박숙희(朴淑姬)와 결혼.
장남 정인(政忍) 태어남.
영남대학교 문리과대학 국문학과 졸업.

1976.
차남 용진(容辰) 출생.
경주 문화중·고등학교 교사 부임.

1978.
시조 「낙화암」으로 중앙일보 신춘문예 당선.
박재삼 선생 만남.

1980.
3남 서림(瑞林) 출생.

1983.
동시 「첨성대」로 조선일보 신춘문예 당선.

1984.
첫 시집 『낙화암』을 현현각에서 펴냄.

1985.
시조 「반월성」으로 중앙시조대상 신인상 받음.

1990.
시 「남산」으로 제2회 신라문학대상 당선.

1991.
시 「낙동강」으로 부산일보 신춘문예 당선.
초정 김상옥 선생 초청으로 이태원 청화아파트 방문.

1992.
두 번째 시집 『산성리에서』를 신원문화사에서 출간.

1995.
시조 「가을 언덕에서」로 제2회 경북문학상 수상.
세 번째 시집 『처용 형님과 더불어』를 이두에서 출간.
김상옥 선생 주간의 동인지 《맥(貘)》 재창간에 참여.

1998.
네 번째 시집 『강은 그림자가 없다』를 처용에서 펴냄.
한국문인협회 경주지부장 피선. 경주시문화상 수상

1999.
교직에서 명예 퇴임, 21세기문예창작연구소 설립.

2001.
《시조21》(주간 민병도) 창간에 편집위원으로 참여함.

2003.
다섯 번째 시집 『낮은 물소리』를 동학사에서 간행.
시집 『낮은 물소리』로 제13회 이호우시조문학상 수상.

2005.
제46회 경상북도문화상 수상.

2006.
당뇨병 발병.
중대 결심을 하고 킹제임스성경신학교 신학부에 입학.
우리 시대 현대시조 100인선 『눈 내리는 밤』 출간.

2008.
경주성경침례교회 목회 시작.

2009.
킹제임스성경신학교 신학부 졸업.
졸업논문 「깊음에 대한 연구」.

2010.
작품 「빛」으로 유심작품상 수상.

2011.
일곱 번째 시집 『영원을 꿈꾸다』 펴냄.

2012.
계간 《시조시학》 봄호 「시인 연구 조동화」 특집.

2013.
여덟 번째 시집 『나 하나 꽃피어』 출간.

2014.
삼성생명 용인 휴먼센터에서 6개월간 인문학 강의.

2015.
시집 『영원을 꿈꾸다』로 통영문학상 수상.
첫 동시집 『우리나라 나비 새 풀 나무』 상재.

2016.
계간 《아동문학 평론》 봄호 「조동화 시인의 동시 세계」 특집.

2017.
두 번째 동시집 『우리나라 나비 새 풀 나무 2』 펴냄.

2018.
조동화 시비가 보문호반(물너울교 부근)에 섬.
시 「나 하나 꽃피어」가 심연 노중석 글씨로 새겨짐.
아홉 번째 시집 『고삐에 관한 명상』 출간.
시조 「내가 거기 있었다」로 대구시조문학상 수상

2019.
찬송시집 『태초부터 계신 말씀』 출간.
열 번째 시집 『쥐똥나무 열매만한 시들』 펴냄.

2021. 현재
경주성경침례교회 담임목회자.
설교 동영상 190여 개 유튜브에 올림.